LOS DOS REINOS

UNA GUÍA PARA LOS PERPLEJOS

TEOLOGÍA PARA VIVIR

Fe y Palabra

W. BRADFORD LITTLEJOHN

Impreso en Lima, Perú

LOS DOS REINOS: UNA GUÍA PARA LOS PERPLEJOS

Titulo original: W. Bradford Littlejohn, *The Two Kingdoms: A Guide for the Perplexed* (Leesburg, VA: The Davenant Institute, 2017). All rights reserved. Todos los derechos reservados para la edición en español para Teología para Vivir.
Autor: © W. Bradford Littlejohn
Traducción: Diego A. Lazo.
Revisión de traducción: Jaime D. Caballero.
Revisión de estilo y redacción: Juan D. Calvo.
Diseño de cubierta: Rachel Rosales, Orange Peal Design
Cubierta edición en español: Billy Jerry Gil Contreras.
Serie: Apologética y Ética - **Volumen:** 05

Editado por: ©TEOLOGIAPARAVIVIR.S.A.C
José de Rivadeneyra 610.
Urb. Santa Catalina, La Victoria.
Lima, Perú.
ventas@teologiaparavivir.com
https://www.facebook.com/teologiaparavivir/
www.teologiaparavivir.com
Primera edición: Noviembre 2020
Tiraje: 1000 ejemplares

Hecho el Depósito Legal en la Biblioteca Nacional del Perú, N°: 2020-07171
ISBN: 978-612-48260-7-8

Se terminó de imprimir en Noviembre de 2020 en:
ALEPH IMPRESIONES S.R.L.
Jr. Risso 580, Lince
Lima, Perú.

TABLA DE CONTENIDOS

LAS GUÍAS DAVENANT

Las *Guías Davenant* buscan ofrecer introducciones cortas y accesibles para temas clave de debate actual en teología y ética, planteándolo desde una perspectiva protestante magisterial y defendiendo su relevancia contemporánea para la actualidad.

CAPÍTULO 1: INTRODUCCIÓN: ¿QUÉ DOS REINOS?

Durante los últimos años, el estrecho mundo de la teología conservadora reformada norteamericana se ha visto destruido por uno de sus habituales combates internos. Esta última ronda, sin embargo, ha adquirido más interés que el habitual, ya que representa una forma de crisis de identidad que ha afectado a cada comunidad cristiana en el mundo moderno reciente.

¿Cómo debemos entender la relación entre las dimensiones públicas y privadas de la fe tras la ruptura de la cristiandad y los paradigmas de fe pública que esta ofrecía? Estos paradigmas, aunque imperfectos, al menos proporcionaron cierto marco para la intersección de la fe cristiana y la ciudadanía. Y, desde luego, aunque la forma moderna de esta crisis de identidad es nueva, las preguntas que subyacen son eternas: ¿cómo reconciliar la lealtad a Dios, nuestra máxima autoridad, la cual no es visible, con la lealtad a las muy visibles autoridades terrenales que Él ha puesto por encima y a nuestro alrededor? Además, ¿qué relación hay entre nuestra vocación de seguidores de Cristo con nuestra vocación de hijos de Adán e hijas de Eva, y nuestros bienes espirituales y celestiales con los bienes de la tierra que hemos sido llamados a proteger y servir?

El conflicto al que me refiero es concerniente al surgimiento de la llamada "doctrina reformada de los dos reinos", que en su forma contemporánea está asociada particularmente con teólogos del Seminario de Westminster en Escondido, California (de ahí el apodo ocasional de "la teología de Escondido"), como Michael Horton y David VanDrunen, aunque su representante más enfático ha sido quizás el profesor de Hillsdale, Darryl G. Hart.[1]

---

[1] El libro de David VanDrunen, *Natural Law and the Two Kingdoms: A Study in the Development of Reformed Social Thought* (Emory University Studies in Law and Religion; Grand Rapids: Eerdmans, 2010), ofreció lo que fue ampliamente considerado como un estudio histórico autoritativo que aportó un sustento a la doctrina, mientras que su libro *Living in God's Two Kingdoms: A Biblical Vision for Christianity and Culture* (Wheaton, IL: Crossway, 2010) ofreció un estudio más sistemático y práctico de cómo pretendía que funcionara la doctrina en la vida de la iglesia. Darryl Hart articuló un punto de vista similar en *A Secular Faith: Why Christianity Favors the Separation of Church and State* (Chicago: Ivan R. Dee, 2006), y en *From Billy Graham to Sarah Palin: Evangelicals and the Betrayal of American Conservatism* (Grand Rapids: Eerdmans, 2011); además, fue el más enérgico y elocuente defensor de la doctrina reformada de los dos reinos (o al menos su opinión al respecto) en su blog: oldlife.org. Ha habido muchos contrataques a esta doctrina en blogs, publicaciones y revistas académicas; se puede encontrar una buena colección de libros, con respuestas en gran parte neocalvinistas, en Ryan C. McIlhenny, ed., *Kingdoms Apart: Engaging the Two Kingdoms Perspective* (Phillipsburg, NJ: P&R Pub., 2012).

Entendiendo la doctrina reformada de los Dos Reinos

Como la mayoría de los movimientos en la teología, se puede obtener un mejor entendimiento al considerar primero contra qué está reaccionando. Los defensores de la doctrina reformada de los dos reinos tienen la mira puesta en tres monstruos dentro del mundo conservador reformado y evangélico: la teonomía, el neocalvinismo y el evangelicalismo (aunque a veces también está en consideración un conjunto más amplio de enemigos, como la iglesia emergente y N. T. Wright). De estos, la teonomía (también conocida como reconstruccionismo) es probablemente la más desconocida para las audiencias no reformadas. La teonomía, un movimiento que disfrutó de considerable popularidad entre los "archireformados" en los años 80 y 90, pero que recientemente se ha desvanecido casi por completo, propuso una recuperación total de las leyes civiles del Antiguo Testamento como un proyecto cristiano para la sociedad moderna. Cualquier teología política que no fuera esta, afirmaban los teonomistas, era comprometerse con la incredulidad, privilegiando la palabra del hombre por encima de la de Dios.[2]

El neocalvinismo goza de un reconocimiento mucho más generalizado, incluyendo (en su interpretación más amplia) a teólogos políticos tan conocidos como James K. A. Smith,

---

[2] Los textos clásicos que exponen esta perspectiva son Rousas John Rushdoony, *The Institutes of Biblical Law* (Phillipsburg, NJ: P&R Publishing, 1973), y Greg Bahnsen, *Theonomy in Christian Ethics* (Phillipsburg: P&R Publishing, 1984).

John Witte, Jr. y Nicholas Wolterstorff, y posee una fuerza dominante entre los holandeses reformados. Sin embargo, sus miembros doctrinarios, que son los que particularmente causan preocupación entre los defensores de la doctrina reformada de los dos reinos, ocupan un círculo algo cerrado entre las denominaciones e instituciones conservadoras. Se distinguen por su compromiso con la teología pública de Abraham Kuyper, mediada por el filósofo holandés del siglo XX, Herman Dooyeweerd, y por seguidores norteamericanos como Henry Stob, Al Wolters y Cornelius Van Til (aunque este último ofreció sus propios giros distintivos, que resultaron agradables para los teonomistas).

En resumen, el lema de esta tradición es "llevar cautivo todo pensamiento a la obediencia a Cristo", lo cual es una determinación de "transformar" las diversas "esferas" e instituciones de la sociedad, basándose en las ideas fundamentales de una "cosmovisión cristiana". A diferencia de la teonomía, el neocalvinismo se ocupa más de los "motivos fundamentales" filosóficos que de las prescripciones legalistas, y con el espíritu más que con la letra, aunque puede llegar a ser igual de triunfalista en sus aspiraciones.[3]

El "evangelicalismo" es, desde luego, el más incipiente de los tres enemigos, pero el que ha sido el objetivo de la mayor parte de los escritos a nivel popular de la doctrina reformada

---

[3] Los textos clave que exponen esta perspectiva incluyen Cornelius Plantinga, *Engaging God's World: A Christian Vision of Faith, Learning, and Living* (Grand Rapids: Eerdmans, 2002), y Albert M. Wolters, *Creation Regained: Biblical Basics for a Reformational Worldview, 2ª edición.* (Grand Rapids: Eerdmans, 2005).

de los dos reinos, como los de Horton y Hart.[4] Los evangélicos americanos son culpados por una pobre eclesiología que devalúa la iglesia institucional, sus ministerios y sus sacramentos, en favor de un ingenuo biblicismo que piensa que hay un versículo de la Biblia para cada problema, y por un beligerante activismo político.

En conjunto, esto lleva a una confusión entre el reino de Cristo y la política mundana, ya que los evangélicos insisten en imponer una comprensión particular de lo que las Escrituras exigen a los votantes y políticos. Ciertamente, tales críticas al evangelicalismo no son nada nuevas, y serían compartidas por muchos otros aparte de los teólogos de Escondido. La teonomía también tiene pocos amigos hoy en día, y aunque el neocalvinismo puede tener un fuerte alcance tanto en niveles más populares como más intelectuales, la mayoría de sus representantes reconocería la legitimidad de muchas advertencias de la doctrina reformada de los dos reinos contra el triunfalismo, que confunde nuestras propias labores culturales con la obra transformadora de Cristo, tanto poniendo una carga irrazonable de expectativas sobre los cristianos como denigrando injustamente lo bueno que los no creyentes son capaces de lograr.

Entonces, las principales preocupaciones del movimiento reformado de los dos reinos —un deseo de volver a enfatizar la centralidad de la iglesia en la vida cristiana; una sospecha de las afirmaciones exageradas de autoridad y aplicabilidad bíblica; un sano escepticismo sobre la capacidad de establecer

---

[4] Véase, por ejemplo, Michael Horton, *Christless Christianity: The Alternative Gospel of the American Church* (Grand Rapids: Baker, 2008), y Darryl Hart *From Billy Graham to Sarah Palin.*

las normas del evangelio en las estructuras temporales y políticas; y un énfasis en la extensa área de coincidencia entre creyentes e incrédulos en nuestras vidas mundanas— parecen ser saludables, compartidas por la mayoría de los comentaristas sobrios y teológicamente reflexivos. Pero esto no significa que la mayoría de los comentaristas compartan el marco teológico que subyace a estas críticas, pues dicho marco se basa en un amplio conjunto de dualismos cuidadosamente relacionados: reino espiritual vs. reino civil (o "temporal" o "común"); iglesia vs. estado; redención vs. creación; eterno vs. temporal; Jesucristo vs. Dios creador; y Escrituras vs. ley natural.

Se nos dice que la iglesia institucional es el reino espiritual de Cristo: el único lugar donde se lleva a cabo la obra de redención para la salvación eterna, bajo la dirección de Jesucristo, que rige este reino solo por medio de las Escrituras. El resto de la vida, por otro lado (y principalmente el estado), es una expresión del reino civil de Dios, en el que no hay distinción entre creyente e incrédulo; esta esfera sirve solamente para la preservación temporal del orden de la creación, bajo el gobierno de Dios como creador, y normado por las prescripciones de la ley natural, más que por las Escrituras.

Por lo tanto, aunque el movimiento de la doctrina reformada de los dos reinos ha ganado bastante terreno por criticar las expresiones excesivas del cristianismo político o del transformacionalismo cultural, también ha encontrado una feroz resistencia por aquellos que temen que el deseo de la doctrina reformada de los dos reinos sea echar al fuego el trigo del discipulado público junto con la paja del partidismo y el triunfalismo. De hecho, muchos críticos del cristianismo evangélico occidental se han quejado durante años del "gnosticismo" que temen que está infectando a la fe evangélica: una preocupación sobredimensionada por salvar almas, excluyendo no solo la acción social y política organizada, sino cualquier compromiso reflexivo con las formas culturales y materiales de vida en esta tierra, donde estamos llamados a ser testigos y a promulgar el señorío de Cristo.

Desde esta perspectiva, articulada con fuerza por intelectuales de peso pesado como N. T. Wright, así como por intelectuales de peso ligero como Brian McLaren, los defensores de la doctrina reformada de los dos reinos irrumpieron en escena con extintores de fuego justo en el momento en que una sana pasión por mostrar a Cristo en este mundo se encendía finalmente entre los evangélicos. Entre los evangélicos convertidos a este nuevo cristianismo que afirma el mundo, así como los reformados que han bebido profundamente de los pozos del neocalvinismo, la doctrina de los dos reinos se ha percibido como un retroceso al tipo de religión sobrenatural y privatizada que, según se nos dice de varias formas, es el fruto pernicioso del platonismo, la Ilustración o el pluralismo posmoderno.

La doctrina magisterial protestante de los Dos Reinos

En este pequeño libro, argumentaré que tanto los defensores de la doctrina reformada de los dos reinos como sus críticos han pasado por alto algo mucho más valioso, más fundamental, más liberador y perspicaz para la iglesia de hoy: la doctrina original protestante de los dos reinos, tal como la articulan gigantes como Martín Lutero, Juan Calvino y Richard Hooker.[5]

Los reformadores protestantes, sostendré en las siguientes páginas, nos ofrecieron un convincente relato de una fe que es completamente pública sin ser ni triunfalista en la esfera civil ni opresiva en la eclesiástica. Sus trabajos no fueron perfectos, sus palabras no siempre fueron claras y su legado es a menudo ambiguo, y, sin embargo, sus enseñanzas centrales fueron lo suficientemente coherentes y consistentes como para que podamos hablar de una teología magisterial protestante de los dos reinos que todavía puede ofrecernos una brújula para pensar en el significado de la fe y el discipulado cristiano de hoy. Esta teología, aunque ciertamente se superpone en

---

[5] Steven Wedgeworth y Peter Escalante, más que nadie, merecen el crédito por poner esta perspectiva olvidada de nuevo sobre la mesa, exponiendo que tanto el neocalvinismo como la doctrina reformada de los dos reinos infringen las antiguas distinciones protestantes en puntos clave. Para algunas de las primeras discusiones principales sobre este debate, véase Steven Wedgeworth, "Two Kingdoms Critique", Credenda/Agenda, 21 de junio de 2010, http://www.credenda.org/index.php/Theology/two-kingdoms-critique.html; la colección de artículos en este enlace: https://wedgewords.wordpress.com/2011/08/20/two-kingdoms-and-political-theology/; Steven Wedgeworth y Peter Escalante, "John Calvin and the Two Kingdoms-Part 1", *The Calvinist International*, 29 de mayo de 2012, https://calvinistinternational.com/2012/05/29/calvin-2k-1/; Steven Wedgeworth y Peter Escalante, "John Calvin and the Two Kingdoms-Part 2", *The Calvinist International*, 29 de mayo de 2012 https://calvinistinternational.com/2012/05/29/calvin-2k-2/. Mi exposición ha sido ampliamente influenciada por estas obras.

muchos puntos con la más reciente teología reformada de los dos reinos, difiere fundamentalmente no solo en las respuestas que da a ciertas preguntas, sino incluso en las preguntas clave que busca responder.

Considere la cuestión de la relación entre la iglesia y el Estado que ha sido tan prominente en muchas expresiones de la reciente teología reformada de los dos reinos. Dicha teología de los dos reinos, al menos en manos de muchos defensores, ofrece a los cristianos la clave para respaldar la neutralidad religiosa de la política liberal moderna sin sucumbir al relativismo, ya que reconoce que la tarea del Estado es solamente temporal, y que las afirmaciones de Cristo solo hablan de la labor espiritual de la iglesia.

Sería difícil identificar tal testimonio en la teología política de los reformadores protestantes, que estaba llena de llamados a los magistrados civiles a ser nuevos Josías, Ezequías o Déboras para que limpien a la iglesia de sus ídolos, protegiendo y fomentando solo la verdadera adoración a Dios. Desde luego, los reformadores tenían mucho que decir sobre la distinción de la vocación entre ministro y príncipe, pero nunca sugirieron que uno estuviera obligado a dar una expresión pública e institucional del señorío de Cristo y el otro no.

No, para los reformadores, la doctrina de los dos reinos no era principalmente sobre la iglesia y el estado, ni tampoco necesariamente sobre una interpretación de teología política más amplia, aunque tenga implicaciones muy importantes para la teología política, las cuales exploraremos en este libro. Los dos reinos no eran dos instituciones ni dos dominios en el mundo, sino dos formas en las que el señorío de Cristo se hacía sentir en la vida de todos y cada uno de los creyentes. Como tal, estaban enredados con todas las diversas formas de "dualidades" que penetran la teología cristiana en todos los frentes: Dios y el mundo, revelación especial y revelación general, redención y creación, gracia divina y respuesta humana, fe y obras, justificación y santificación, alma y cuerpo, invisible y visible, iglesia y mundo, etc. La teología, evidentemente, no puede funcionar bien sin distinciones claras entre cualquiera de estos pares, aunque es igual de evidente que contraponer de manera muy marcada cualquiera de estos términos puede llevar al desvío. En cada punto, se debe llevar a cabo un cuidadoso acto de equilibrio.

Ciertamente, la buena teología también debe tener cuidado de no tratar todas estas distinciones como solo versiones diferentes de la misma dualidad fundamental (una tentación a la que han sido propensos algunos teóricos de los dos reinos demasiado entusiastas). Para elegir un ejemplo, obviamente no podemos equiparar el par "redención/creación" con el par "alma/cuerpo", ya que la Escritura habla claramente de la redención y resurrección de nuestros cuerpos. Al mismo tiempo, sería una teología negligente no intentar conciliar en lo absoluto estas diversas dualidades entre sí. Por ejemplo, al menos para los protestantes, la gracia divina, la fe y la justificación encajan bien, por un lado, en distinción de la respuesta humana, las obras y la santificación, por otro.

La teología de Martín Lutero, a pesar de su notorio desorden, se caracterizó particularmente por su intento de unir estas diversas dualidades dentro de un solo marco, con abundantes calificaciones apropiadas (aunque, por lo general, correspondió a sus sucesores, en particular a Felipe

Melanchthon, Juan Calvino, Pedro Mártir Vermigli y Richard Hooker, precisar esas calificaciones). Para él, pues, y para otros reformadores magisteriales que comentaron sobre los "dos reinos" (o "dos ámbitos" o "dos gobiernos", para utilizar términos tal vez más claros correspondientes a los *Zwei Reiche* y los *Zwei Regimente* de Lutero), la idea de dos instituciones (es decir, "iglesia" y "estado") no era prioritaria en su pensamiento, sino algo mucho más fundamental.

La vida humana no es un mapa bidimensional en el que los dos reinos se dibujan como una línea divisoria entre esferas de jurisdicción; sino más bien una realidad tridimensional en la que toda la dimensión horizontal está entrelazada con el reino temporal, mientras que el reino espiritual forma la tercera dimensión, es decir, la relación vertical con Dios que anima a todo el resto. En todo momento, el cristiano debe estar atento a la voz de Dios en su Palabra y al rostro de Dios que se manifiesta en su mundo, a través de lo que Lutero llamó "máscaras".

Cuando uno lo dice de esta manera, queda claro que la línea divisoria debe atravesar la propia iglesia. Los reformadores podían hablar de la iglesia, en su forma congregacional y visible, con oficiales y prácticas litúrgicas, como parte del "reino terrenal"; sin embargo, como el conjunto de los elegidos, místicamente unida a su cabeza, la iglesia es la plenitud del reino espiritual. No obstante, aunque la distinción "iglesia visible/invisible" no es muy imprecisa aquí, tampoco es suficiente, ya que, como el lenguaje del "reino", es demasiado estática para lo que los reformadores tenían en mente. *Geistliche Regimente* era el gobierno y reinado espiritual de Dios, su misericordiosa acción vivificante por medio del poder del Espíritu. Si bien claramente invisible en sí misma, este gobierno liberador se manifiesta en la poderosa lectura y predicación de la Palabra (y esto principalmente, pero con certeza no de manera única, en el contexto del culto formal), en los sacramentos, y en los actos amorosos y llenos de fe de los santos.

Desde luego, estos actos de amor, en los que el cristiano se hace a sí mismo "servidor de todas las cosas", son la materia misma de la que está hecha el "reino terrenal", esto es, el espacio al este del Edén y al oeste de la nueva Jerusalén, sujeto a la autoridad humana y a la prudencia reflexiva. Pero esto solo pone de relieve el hecho de que el lenguaje de "los dos reinos" no debe servir para dividir nítidamente los diversos elementos de la vida cristiana en una u otra esfera, sino que a menudo debe considerarse como dos formas distintas de hablar de los mismos elementos. Somos *simul justus et peccator*. Somos señores libres y al mismo tiempo siervos obedientes. Vivimos con Cristo en los lugares celestiales y al mismo tiempo trabajamos en caminos oscuros aquí abajo, y aunque disfrutamos de la libertad de una conciencia liberada por la gracia, vivimos bajo las leyes (naturales y civiles) que regulan nuestra vida, como criaturas humanas, con los demás. Confundir estas dos reglas es arriesgarse al libertinaje o al legalismo, o al triunfalismo o a la desesperación.

En otras palabras, cuando hablamos de "los dos reinos", nos referimos a algo que va más allá de lo que significa ser un ciudadano cristiano. Estamos hablando de lo que significa vivir como cristiano en el mundo, y "la doctrina de los dos reinos" es simplemente una breve respuesta magisterial protestante a esa pregunta, que debe ser escuchada en cada generación, pero especialmente en la nuestra. En la breve guía que sigue, entonces, ofreceré primero un bosquejo histórico de tres capítulos sobre la evolución real de las ideas de los dos reinos en el siglo XVI y principios del siglo XVII, y sus implicaciones para la teología política, la eclesiología y la vida cristiana.

Luego, en los siguientes dos capítulos, ofreceré un uso creativo de la doctrina para la actualidad en tres esferas clave: la iglesia, el estado y el comercio, sugiriendo cómo la doctrina puede dar nueva luz sobre las disputas aparentemente estériles acerca de cómo vivir el señorío de Cristo en el siglo XXI.[6]

---

[6] Los capítulos dos y tres se basan en una serie de ensayos que escribí para *Political Theology Today* a finales del 2012; los capítulos cinco, seis y siete son una adaptación de escritos que hice para *Reformation21* a principios del 2015. Todos han sido ampliados sustancialmente para este libro. Estoy agradecido a ambas revistas web, y a sus editores Dave True y Mark McDowell por la oportunidad de desarrollar estos pensamientos.

CAPÍTULO 2:
LOS DOS REINOS:
DESDE LUTERO HASTA CALVINO

Simul justus et peccator: La teoría de Martín Lutero de los Dos Reinos

CUALQUIER DISCUSIÓN sobre la doctrina de los dos reinos debe comenzar, históricamente hablando, con Lutero. Como teórico político, Martín Lutero ha sido identificado como una figura revolucionaria que reformó de manera fundamental el orden político occidental y como un gran teólogo reformador cuyas ideas políticas, en la medida en que las tenía, eran bastante conservadoras y en realidad poco interesantes. Afortunadamente, hay una forma de explicar ambas evaluaciones, ya que ambas son, de hecho, dos caras de la misma moneda, siendo esa moneda su famosa doctrina de los dos reinos. Es cierto que Lutero en general quería dejar el orden político en paz para que dicho orden se ocupara en sus propios asuntos lo más posible, sin demasiada intromisión de teólogos o eclesiásticos. En este sentido, queda claro que no era un revolucionario político en el sentido moderno, ni tenía interés en hacer una contribución a la teoría política como tal. Pero fue precisamente esta postura la que representó un cambio dramático en la forma en que la mayoría de los cristianos habían pensado en la política durante siglos, y la que en cierto modo estableció las bases del orden liberal moderno. La autoridad política ya no era un apéndice o una autoridad secuaz de la autoridad espiritual, ni tampoco su delegado exaltado. Lutero promovió y degradó en simultáneo todas las formas de autoridad civil: la promovió porque los príncipes y emperadores ya no tenían que responder a nadie más que Dios, así como tampoco tenían rivales terrenales dentro de sus dominios; y la degradó porque su tarea era ahora muy mundana, en todos los sentidos de la palabra, pues consistía en preservar el orden exterior y nada más, hasta que el Hijo del Hombre regresara.

Ahora bien, hay que tener cuidado, no debemos sobreenfatizar la originalidad de las ideas de Lutero. El tema de la "dualidad" impregna la tradición teológica política cristiana desde el principio: "Dos son los que gobiernan este mundo", parece haber estado claro desde muy temprano. Pero a pesar de los antecedentes que podemos encontrar en la teología de las dos ciudades de Agustín o en la de las dos espadas de Gelasio, los dos reinos de Lutero no se pueden equiparar con ninguna de las dos. Un antecedente más cercano se encuentra en las distinciones medievales entre el *forum internum* y el *forum externum,* y el pensamiento innovador de Marsilio de Padua en particular.[1] Sin embargo, los "dos reinos" siguen siendo un producto distintivo y único de la teología de Lutero, que descansa directamente sobre los cimientos de su doctrina de la justificación por *sola fide.*

Esta conexión con la doctrina de la justificación no siempre ha sido reconocida de un modo suficiente en la voluminosa literatura secundaria, que a menudo, con el sesgo político del pensamiento moderno, ha concluido demasiado rápido que los dos reinos de Lutero hacen referencia a dos instituciones, iglesia y estado, cuyos asuntos deben ser estrictamente distinguidos. Desde luego, cualquier sensible lector de Lutero ha tenido que reconocer que hay más que eso en la teoría de Lutero, pero muchos han persistido en la convicción de que aquello fue lo que planteó. David VanDrunen está entre ellos en su libro *La ley natural y los dos reinos* (*Natural Law and the Two Kingdoms*), donde trata la teoría de los dos reinos de Lutero como precursora de la versión reformada que él desarrollará (que es claramente, según entiende, una teoría de estas dos instituciones).[2]

En su reciente y excelente estudio, *La doctrina de los dos reinos de Lutero* (*Martin Luther's Doctrine of the Two*

---

[1] Para textos representativos en el desarrollo de la teología política medieval de las "dos espadas", véase Oliver y Joan Lockwood O'Donovan, eds., *From Irenaeus to Grotius: A Sourcebook in Christian Political Thought*, 100-1625 (Grand Rapids: Eerdmans, 1999), partes 2, 3 y 4. Para el radical ataque de Marsilio de Padua a las presuposiciones políticas y eclesiológicas medievales tradicionales, véase Marsilio de Padua, *The Defender of the Peace, ed. Annabel Brett, Cambridge Texts in the History of Political Thought* (Cambridge: Cambridge University Press, 2005).

[2] Véase en particular las páginas 55-62.

Kingdoms), William Wright arremete en contra de esta tendencia, llamándonos a lo que los mejores eruditos siempre han reconocido: que la doctrina de Lutero de los dos reinos es, por el contrario, un extenso marco en el que fundamenta su comprensión de Dios, el hombre y la sociedad, basada en la distinción básica entre el hombre *coram Deo* y el hombre *coram hominibus*.[3] En resumen, su convicción de que el reino de las apariencias es muy diferente del reino de las realidades espirituales fluye de la doctrina de la justificación, con su famoso concepto *"simul justus et peccator"*.

Cristo reina misteriosa e invisiblemente sobre el reino de la conciencia, y ninguna autoridad humana puede interponerse como mediador de este gobierno; es solo por la fe que participamos en este reino, por lo que no debemos ser engañados y pensar que trata de obras o rituales externos.[4] Tal vez mejor que la terminología de los "dos reinos" (*zwei Reiche*) es la de los "dos gobiernos" (*zwei Regimiento*).[5] El gobierno espiritual es aquel por el cual Cristo gobierna

---

[3] William F. Wright, *Martin Luther's Understanding of God's Two Kingdoms: A response to the Challenge of Skepticism* (Grand Rapids: Baker Academic, 2010).

[4] El estudio clásico de la relación del pensamiento de los dos reinos de Lutero con sus preocupaciones soteriológicas más amplias sigue siendo F. Edward Cranz, *An Essay on the Development of Luther's Thought on Law, Justice, and Society* (Cambridge, MA: Harvard University Press, 1959).

[5] El mejor análisis de la terminología de Lutero, y de cómo encaja todo, sigue siendo W. D. J. Cargill Thompson, "The Two Kingdoms and the Two Regiments: Some Problems of Luther's Zwei-Reiche-Lehre", *The Journal of Theological Studies* 20, nro. 1 (1969): 164-85; y también véase John Witte, Jr., *Law and Protestantism: The Legal Teachings of the Lutheran Reformation* (Cambridge: Cambridge University Press, 2002), 89-115.

internamente en la conciencia, por medio de su Palabra y Espíritu: el ámbito de la gracia. El gobierno temporal (*weltliche Regimente*) es aquel por el cual Cristo gobierna todos los asuntos humanos externos por medio de leyes, y en el cual trabaja no directa e inmediatamente, sino a través del disfraz o las "máscaras" de gobernantes e instituciones terrenales. Solo los elegidos experimentan lo primero, y comparten en común lo segundo con los no regenerados.[6]

Así, debe quedar claro que no es correcto afirmar que instituciones empíricas (incluyendo la iglesia) pertenecen al reino espiritual, pero tampoco es correcto sugerir que cualquier esfera de la vida es únicamente secular. Como ya se ha dicho, para Lutero el ámbito "secular" o temporal designa la dimensión horizontal de la existencia humana, que por supuesto está en todo momento sujeta a la autoridad de Dios en Cristo; a veces de forma más explícita (como en el ministerio externo de la iglesia) y a veces de forma más indirecta (como en la mayor parte de la labor del magisterio). Así pues, la propia iglesia está tan sujeta a las paradójicas dualidades de *simul justus et peccator* como el creyente justificado. En su identidad oculta ante Dios, la iglesia es el "reino espiritual", la cual es invisible ante los hombres; sin embargo, toma forma visible en la predicación dinámica del Evangelio y la administración de los sacramentos. En su dimensión visible e institucional, como una congregación que debe ser organizada, ritualizada y gobernada, la iglesia es parte del reino que Lutero llama "sistema político": parte de la esfera

---

[6] Para un estudio accesible y relativamente conciso de la teología de los dos reinos de Lutero, véase Witte, *Law and Protestantism*, 89-115.

de la autoridad humana que tiene en común las preocupaciones más terrenales de la familia y el magisterio civil.

Íntimamente conectada con esta doctrina está la enseñanza de Lutero sobre la libertad cristiana, que desde el principio fue presentada con esta misma dialéctica doble: "...libre señor de todas las cosas, no está sujeto a nadie/servidor de todas las cosas, está sujeto a todos".[7] Ante Dios, el cristiano, en su interior, no está sujeto a la mediación de ninguna autoridad humana, ni tampoco está sujeto por la conciencia a las órdenes de dicha autoridad humana. Pero en virtud de esta misma libertad interna, el cristiano acepta alegremente la sujeción a las necesidades de su prójimo (y, por ello, a las autoridades humanas) en el ámbito externo.

Los asuntos externos eran *adiáfora*, cosas indiferentes a la salvación, donde la ley humana podía ordenar la conducta del creyente, pero no su conciencia. Así, cuando Lutero insistió en que la libertad cristiana no derrocaba a la autoridad política, no fue porque la confinó cuidadosamente dentro de una esfera llamada "iglesia", fuera de la cual la conciencia podía estar bajo sujeción; sino porque los dos gobiernos —sobre la conciencia y sobre la conducta— eran intrínsecamente inconmensurables. Las "cosas indiferentes" también a menudo hacían referencia a cosas sobre las cuales las Escrituras no ofrecían ningún mandato directo o perpetuo, y, por lo tanto,

---

[7] Lutero, "The Freedom of the Christian", trad. W. A. Lambert, rev. Harold J. Grimm, en *Luther: Three Treatises*, 2.ª edición revisada (Minneapolis: Fortress Press, 1970), 277.

podían dejarse a la discreción humana (ya sea del cristiano individual o de las autoridades de la iglesia y el Estado).[8]

Lo anterior quizá puede sugerir que, si bien es importante para la eclesiología e incluso la soteriología, la doctrina de los dos reinos de Lutero no tenía mucha importancia para la teología política. Sin embargo, tuvo un profundo significado para el futuro de la teoría política occidental, al menos en dos aspectos. En primer lugar, al rechazar la idea de que el oficio docente de la iglesia pudiera tener cualquier tipo de poder político, la doctrina de Lutero trastocó el orden político medieval y dejó al magisterio civil como único poseedor de autoridad jurídica. Tanto es así que la propia iglesia, en la medida en que debe adoptar una forma institucional y jurídica (como Lutero pronto reconoció luego de su idealismo inicial), podría caer bajo la supervisión del magisterio cristiano, cuya condición de laico ya no era un obstáculo para una especie de liderazgo dentro de la iglesia.

Melanchthon en particular sistematizaría la doctrina luterana en esta dirección, considerando que los magistrados podían ejercer autoridad y exigir obediencia en la adiáfora eclesiástica, es decir, en cuestiones de orden externo, sistemas políticos y, en cierta medida, liturgia.[9]

---

[8] Para una exposición completa de las complejidades y debates sobre la noción de las "cosas indiferentes" en la Reforma luterana y más allá, véase el capítulo 2 de mi nuevo libro, *The Peril and Promise of Christian Liberty: Richard Hooker, the Puritans, and Protestant Political Theology* (Grand Rapids: Eerdmans, 2017).

[9] La exposición autoritativa del entendimiento de Lutero y Melanchthon sobre el papel de la autoridad civil en la iglesia (y su relación con su doctrina de los dos reinos) se puede encontrar en James M. Estes, *Peace, Order, and the Glory of God: Secular Authority and the*

Y aunque en cierto sentido la reforma de Lutero concentró el poder en manos de los príncipes, no significa que, como muchos relatos populares e incluso eruditos lo hacen, Lutero allanó el camino para el absolutismo. Por el contrario, el segundo efecto de su doctrina de los dos reinos fue decididamente liberal, ya que desacralizó no solo a la jerarquía eclesiástica, sino a toda autoridad humana. Al ya no ser el brazo ejecutivo de la autoridad espiritual de la iglesia, el magisterio ya no era vinculante para la conciencia, ni podía pronunciarse sobre asuntos eternos.

Además, como ya no había ningún árbitro terrenal autorizado para fijar los límites adecuados de la conciencia, el individuo cristiano en principio podía ser juez de las órdenes del magisterio, si este buscaba ir más allá del reino de las cosas adiáfora que limitaba su autoridad. Naturalmente, había cierta tensión entre la autoridad del magisterio para ordenar en la adiáfora y la autoridad de la conciencia individual para determinar cuándo se había transgredido el límite de la adiáfora. Afortunadamente, como veremos, esto demostró ser una tensión innovadora, estimulando la reflexión política protestante durante dos siglos.

Los Dos Reinos en la temprana tradición reformada

Pero debemos avanzar en la historia, pues la Reforma no consiste solo en Lutero. En la reforma de Zwinglio en Zúrich,

---

Church in the Thought of Luther and Melanchthon, 1518-1559 (Leiden: Brill, 2005).

se produjeron reformas similares, aunque sobre una base terminológica y conceptual muy diferentes. Ni Zwinglio ni su sucesor, Heinrich Bullinger, formularon su teología en términos de "dos reinos", ni compartían la estricta dicotomía ley/evangelio de Lutero; lo que significa que estaban más dispuestos a buscar orientación en el Antiguo Testamento. Esto resultó en que el "príncipe piadoso", llamado a hacerse cargo de la reforma de la iglesia como un nuevo Josías, instruido por sus "profetas", los ministros, estaba absolutamente en el centro de su concepto de una sociedad reformada.[10]

Sin embargo, como hemos visto, el "príncipe piadoso" encargado de la reforma no era hostil al luteranismo, ni tampoco eran inexistentes, entre los suizos, los principios básicos de la doctrina de los dos reinos de Lutero. Para ellos también las doctrinas fundamentales de la justificación por la fe, la libertad cristiana y la suficiencia de las Escrituras sirvieron para abrir una brecha entre el gobierno espiritual de Cristo sobre la conciencia y su dominio sobre los asuntos civiles y temporales por medio de delegados humanos.

La compatibilidad de las vertientes luterana y reformada en estos puntos se puede ver en el pensamiento de Pedro Mártir Vermigli, un reformador italiano que pasó gran parte de su carrera reformista en Inglaterra (donde ejerció una inmensa

---

[10] Véase Pamela Biel, *Doorkeepers at the House of Righteousness: Heinrich Bullinger and the Zurich Clergy,* 1535-1575 (Berna: Peter Lang, 1991); Daniel Bolliger, "Bullinger on Church Authority: The Transformation of the Prophetic Role in Christian Ministry", en *Architect of the Reformation: An Introduction to Heinrich Bullinger,* 1504-1575, ed. Bruce Gordon y Emidio Campi (Grand Rapids: Baker Academic, 2004) 159-77.

influencia) y en Zúrich, y cuya robusta teología política combinaba los fuertes temas hebreos de Zúrich con los conceptos de Lutero y Melanchthon de la adiáfora y los dos reinos.[11]

Si había una diferencia entre Lutero y Zúrich en estos puntos, era que el último no estaba dispuesto a enfatizar la "libertad del hombre cristiano" tanto como el primero. En principio, tanto los reformadores de Zúrich como los de Wittenberg estuvieron de acuerdo en que los diez mandamientos eran una reafirmación de la ley natural, y que las demás leyes de las Escrituras eran vinculantes solo como aplicaciones particulares de dicha ley natural (y, por lo tanto, potencialmente modificables en diferentes circunstancias).

Sin embargo, en la práctica, era mucho más probable que los reformadores de Zúrich continúen recurriendo a la ley bíblica para regir la vida cristiana; además, nunca se complacieron, como a veces parecía hacer Lutero, en coquetear con el antinomianismo, sino que enfatizaban desde el principio la necesidad de que la Reforma incluya una reforma moral profunda.[12]

Sin embargo, este potencial legalismo se vio atenuado por dos factores clave. En primer lugar, Zwinglio y Bullinger

---

[11] Véase W. J. Torrance Kirby, "Peter Martyr Vermigli and Pope Boniface VIII: The Difference Between Civil and Ecclesiastical Power", en *Peter Martyr Vermigli and the European Reformations*, ed. Frank A. James III (Leiden: Brill, 2004), 291-304; y W. J. Torrance Kirby, "Political Theology: The Godly Prince", en *A Companion to Peter Martyr Vermigli*, ed. W. J. Torrance Kirby, Frank A. James III y Emidio Campi (Leiden: Brill, 2009), 401-22.

[12] Véase Paul D. L. Avis, "Moses and the Magistrate: A Study in the Rise of Protestant Legalism", *Ecclesiastical History* 149 (1975): 148-72.

mantuvieron un claro compromiso con la noción de la adiáfora y no adoptaron el principio biblicista que requería un mandato bíblico directo para cualquier ceremonia eclesiástica, y mucho menos para las leyes civiles. El reino temporal se rige por la sensatez y la prudencia, pese a que las Escrituras ofrecen muchos principios y precedentes a seguir. En segundo lugar, su énfasis en el papel de un magisterio piadoso en la supervisión de una sociedad reformada proveyó una salvaguarda contra el tipo de perfeccionismo que intente hacer que el reino temporal alcance la perfección de lo espiritual.

No había mucho que un magistrado pudiera hacer para mejorar moralmente una sociedad pecaminosa sin provocar división y resentimiento, y, por lo tanto, el orden y la decencia, en lugar de la pureza, debían ser los objetivos. Los reformadores más radicales, como Conrad Grebel y Balthasar Hubmaier, consideraban que tal tolerancia era una falta de convicción, y el movimiento anabaptista se fundamentó en la determinación de seguir una disciplina rigurosa dentro de la comunidad cristiana visible, borrando, en la medida de lo posible, la brecha entre la iglesia invisible y la visible, y entre el reino espiritual de Cristo y su manifestación temporal.[13] De hecho, es en este punto donde podemos ver cuán engañoso es describir a los dos reinos, como muchos lo hacen, como un asunto de iglesia vs. estado. Con tal interpretación, al rechazar por completo la noción del magisterio cristiano e insistir en una iglesia separada y autogobernada, los anabaptistas parecerían conformarse a los dos reinos más que nadie. Pero

---

[13] Véase Kenneth R. Davis, "No Discipline, No Church: An Anabaptist Contribution to the Reformed Tradition," *The Sixteenth Century Journal* 13, nro. 4 (1982): 43–58.

no es así en absoluto como lo veían los reformadores magisteriales, viendo más bien en tal emergente ética pacifista una mezcla de los planos internos y externos de la ética cristiana y una confusión de los dos reinos.[14]

El surgimiento de una ala más disciplinaria de la tradición reformada —que comparte la preocupación de Zúrich por la ley bíblica y la reforma moral, pero que está convencida de que las autoridades eclesiásticas deben ponerlas en práctica enérgicamente a través de la disciplina— representó un delicado acto de equilibrio entre el énfasis original de Lutero y las preocupaciones anabaptistas por la pureza. Esta ala, compuesta por líderes como Juan Ecolampadio, Martín Bucero, y, sobre todo, Juan Calvino, mantuvo en principio el sacerdocio de todos los creyentes y la esencia declarativa y no jurídica de la iglesia, pero consideró necesario dar un papel mucho más importante a la disciplina eclesiástica supervisada por el clero. En parte, esto fue una respuesta a las exigencias de los anabaptistas por un cuerpo de creyentes más visiblemente puro, y, en parte, fue el desarrollo natural de un nuevo énfasis en la santificación, así como en la justificación.[15]

Aunque ninguno de estos reformadores negó la insistencia de Lutero en la necesidad de distinguir entre estos dos términos

---

[14] Véase, por ejemplo, los extractos del Sermón del Monte de Martín Lutero en *From Irenaeus to Grotius*, ed. O'Donovan y O'Donovan, 595- 602.

[15] Jordan Ballor y yo exploramos estos temas con más detalle en nuestro ensayo, "European Calvinism: Church Discipline", en *European History Online* (EGO), ed. Irene Dingel y Johannes Paulmann (Maguncia: Institute of European History [IEG], 2013), http://www.ieg-ego.eu/en/threads/crossroads/religious-and-denominational-spaces/jordan-ballor-w-bradford-littlejohn-european-calvinism-church-discipline.

y la prioridad absoluta de la justificación, parecía que era cada vez más necesario, a medida que se afianzaba la doctrina evangélica, exigir que la fe diera buenos frutos entre los que profesaban la doctrina protestante. Con esta insistencia se produjo un cambio de énfasis en la doctrina de la adiáfora: no se podía decir realmente que la santificación fuera "indiferente a la salvación", ni tampoco nada que contribuya a ella. Si bien Lutero nunca había negado el "tercer uso de la ley", estos otros reformadores lo recalcaban cada vez más, y consideraban que las Escrituras eran una regla para guiar la conducta cristiana individual y colectiva. Visto desde esta perspectiva, el reino de la adiáfora se contrajo, ya que aquellos asuntos determinados por las Escrituras no podían considerarse realmente indiferentes; y, por otro lado, el papel de los ministros, como maestros de las Escrituras, se amplió para incluir la supervisión y la censura de la moral.

No es ninguna sorpresa, pues, que VanDrunen y otros hayan identificado en Calvino —el hombre que integró con mayor éxito estos nuevos énfasis en una síntesis teológica, aplicándolos en la práctica de la comunidad— el advenimiento de una nueva forma más institucional de la teología de los dos reinos. Para Calvino y sus herederos, se sostiene, el "gobierno espiritual" es ahora tan amplio como las mismas Escrituras, y al preocuparse por el orden y el comportamiento externo, debe tener mediadores y gobernantes externos, independientes del gobierno civil. Si es así, sin embargo, la doctrina de la libertad cristiana parece estar en peligro, ya que ahora la conciencia estaría sujeta a mediadores humanos dentro del reino espiritual de la iglesia.

La doctrina de los Dos Reinos de Juan Calvino

Calvino es también un lugar obvio para buscar una doctrina de los dos reinos porque, a diferencia de algunos otros reformadores de segunda generación, no tenemos que leer entre líneas para encontrarla en su obra. Por el contrario, es mucho menos ambiguo incluso que Lutero al establecerla en el centro de su teología, generando la pregunta de por qué los estudios de Calvino han ignorado en gran medida el tema hasta ahora que David VanDrunen lo ha puesto de relieve. La doctrina aparece en el importantísimo capítulo III.19 de los *Institutos,* donde concluye su discusión sobre la justificación y se prepara para la transición a su enorme libro IV, titulado: "Los medios o ayudas externas por las que Dios nos invita a la sociedad de Cristo y nos mantiene en ella".

En la medida en que la erudición sobre Calvino se ha enfocado en su formulación de los dos reinos, a menudo ha asumido, como lo hace VanDrunen, que al definir los "dos reinos" Calvino pretende hacer una distinción entre las dos instituciones dentro de la esfera de medios externos: la iglesia y el estado. Sin embargo, desde un punto de vista estructural, es más convincente ver su distinción de los dos reinos en III.19 como un punto central que, en cuanto al "gobierno espiritual", apunta hacia atrás a su discusión de la recepción interna de la gracia de Cristo en el libro III, y que, en cuanto al "gobierno temporal", apunta hacia adelante a su discusión de los medios externos en el libro IV. Con esta base, tanto la iglesia visiblemente organizada como el estado constituyen medios externos en el reino temporal. Ciertamente, la elección de palabras de Calvino para describir los dos reinos parece confirmar tal lectura:

> El primero [el gobierno espiritual] tiene su morada dentro del alma, el segundo [el gobierno temporal] solo regula la conducta externa. Podemos llamar al uno el reino espiritual y al otro el reino civil. Ahora bien, estos dos, tal como los hemos dividido, siempre deben distinguirse uno del otro. Cuando se considera el uno, no debemos permitirnos pensar en el otro. Pues existe en el hombre una especie de dos mundos, sobre los cuales pueden presidir diferentes reyes y diferentes leyes... La cuestión..., aunque no es muy oscura o desconcertante en sí misma, ocasiona dificultades a muchos, porque no distinguen con suficiente exactitud entre lo que se llama el foro externo y el foro de la conciencia.[16]

El claro énfasis en lo "externo" vs. lo "interno" parece una pista bastante clara de que Calvino no está, en un sentido estricto, hablando sobre el reino espiritual en su discusión de los "medios externos" de la política eclesiástica en el libro IV. VanDrunen, sin embargo, no capta esta pista y siente la necesidad de amonestar a Calvino por toda su discusión de lo "externo" vs. "interno". ¿No se da cuenta de que la iglesia y su ministerio también son externos? "Sin duda alguna Calvino no quiso sugerir que el reino espiritual solo concierne las cosas que son inmateriales", protesta VanDrunen;[17] pero parece que eso es precisamente lo que Calvino quería decir. En su comentario de 1 Corintios escribe lo siguiente: "El reino espiritual de Cristo... no tiene relación con el cuerpo, ni

---

[16] Juan Calvino, *Institutes of the Christian Religion*, ed. John T. McNeill, y trad. Ford Lewis Battles (Louisville: Westminster John Knox Press, 1960), III 19.15 (1:847).

[17] *Natural Law and the Two Kingdoms*, 91.

tampoco con las relaciones externas de la humanidad, sino que tiene relación solo con la mente".[18]

En todo esto, Calvino parece estar cerca de lo que hemos visto de Lutero.[19] Al igual que Lutero, Calvino desarrolló su doctrina de los dos reinos en estrecha relación con su comprensión de la libertad cristiana. Calvino llama a la libertad cristiana "una cosa de primera necesidad", sin la cual "las conciencias no se atreven a emprender casi nada sin dudar". De hecho, la doctrina es un "apéndice de la justificación y es muy útil para comprender su poder".[20] En cuanto a Lutero, no se trataba de la libertad cristiana en el sentido que a menudo la entendemos hoy en día —la libertad de los creyentes individuales de actuar como deseen en asuntos en los que las Escrituras guardan silencio—, sino en un sentido fundamentalmente soteriológico: la proclamación de la libertad de la conciencia del creyente de la esclavitud a las obras externas.

Calvino expone tres elementos distintos de la doctrina:

Primero, la conciencia de los creyentes, al buscar la seguridad de su justificación ante Dios, debería elevarse por encima y avanzar más allá de la ley, olvidando toda justicia por medio de la ley...

---

[18] Comentario sobre 1 Co. 11:3 en *Commentary on the Epistle of Paul the Apostle to the Corinthians*, trans. John Pringle, 2 vols. (Edimburgo: Calvin Translation Society, 1848-49), 1:354.

[19] Una bien matizada exposición de la doctrina de los dos reinos de Calvino, destacando sus continuidades básicas con Lutero, así como sus trayectorias distintivas, ha aparecido finalmente en el libro de Matthew J. Tuininga, *Calvin's Political Theology and the Public Engagement of the Church: Christ's Two Kingdoms* (Cambridge: Cambridge University Press, 2017).

[20] *Institutes* III 19.1 (1:833).

> El segundo elemento, que depende del primero, es que las conciencias observan la ley, no como constreñidas por la necesidad de la ley, sino que liberadas del yugo de la ley obedecen voluntariamente la voluntad de Dios. Puesto que viven en perpetuo temor mientras permanecen bajo el dominio de la ley, nunca dispondrán con entusiasmo obedecer a Dios a no ser que primero se les haya dado esa clase de libertad...
>
> La tercera parte de la libertad cristiana radica en esto: respecto a las cosas exteriores que son de por sí "indiferentes" [adiáfora], no estamos sujetos ante Dios por ninguna obligación religiosa que nos impida a veces usarlas y otras veces no usarlas, indiferentemente.[21]

La última de estas tres, aunque la menos importante para Calvino, se convertiría en la más espinosa a medida que transcurre el siglo XVI. A menudo es malinterpretada por los comentaristas modernos, que no captan el énfasis en la "obligación religiosa", ni detectan el recordatorio de Calvino: "Que la libertad cristiana es, en todas sus partes, una cosa espiritual. Toda su fuerza consiste en acallar las conciencias asustadas ante Dios".[22] Si no prestamos atención a esta línea, podríamos pensar que Calvino quiere decir que las autoridades humanas no pueden prescribir conductas externas en los creyentes en asuntos indiferentes, sin reducir la libertad cristiana. Obviamente, si se toma literal, eliminaría todo gobierno humano, ya que los magisterios civiles deben aprobar con frecuencia leyes sobre asuntos que son indiferentes.

David VanDrunen, entonces, asume que Calvino debe referirse a que esta limitación se aplica solo dentro de la iglesia, y que los magisterios civiles son libres para limitar la

---

²¹ *Institutes* III 19.2, 4, 7 (1:834, 836, 838).
²² *Institutes,* III 19.9 (1:840).

libertad cristiana. De hecho, él toma esta limitación como la base de la distinción de los dos reinos de Calvino:

> En el reino espiritual de la iglesia, las autoridades eclesiásticas, que solo se ocupan de las cosas espirituales, no tienen poder para vincular las conciencias más allá de la declaración de lo que las propias Escrituras enseñan (una autoridad "ministerial"), y los creyentes no tienen ninguna obligación de conciencia de creer o hacer algo que la iglesia diga que sea contradictorio. Los creyentes son libres de cualquier cosa "aparte" de la Palabra de Dios. En el reino civil, y con respecto a los asuntos civiles, sin embargo, los creyentes están libres solo de los mandamientos 'contrarios' a las Escrituras, lo que significa que están obligados por la conciencia a hacer todas las cosas que el magisterio ordena (aunque sean desagradables) siempre que no contradigan alguna enseñanza bíblica.[23]

Por este medio, VanDrunen llega a la idea, que ha influido mucho en el reciente renacimiento de la doctrina de los dos reinos, de que los dos reinos son, en términos generales, "iglesia" y "estado".

Es verdad que Calvino introduce su doctrina de los dos reinos en este contexto, pero lo hace precisamente para evitar este tipo de confusión. De hecho, inmediatamente antes de introducirla, afirma de manera inequívoca que, según la doctrina de la libertad cristiana, "concluimos que tales [las conciencias de los creyentes] están liberadas del poder de todos los hombres[24]" —incluyendo claramente la autoridad civil—, pero luego pasa inmediatamente a subrayar que esto

---

[23] *Natural Law and the Two Kingdoms,* 191.
[24] *Institutes* III 19.14 (1:846); énfasis mío.

no elimina la autoridad humana, porque está hablando del foro interno de la conciencia, no del foro externo de acción. La confusión solo surge, dice, cuando "no distinguimos con suficiente nitidez el foro externo, como se le llama, del foro de la conciencia". Por ello, define la conciencia por nosotros: "Es un medio entre Dios y el hombre... [una] percepción que lleva al hombre ante el juicio de Dios".[25]

> Por lo tanto, así como las obras tienen que ver con los hombres, la conciencia concierne a Dios. La buena conciencia, pues, no es nada más que la integridad interior del corazón... En realidad, como ya he dicho, solo tiene respeto a Dios... De ahí que se diga que una ley pone bajo sujeción a la conciencia cuando simplemente vincula a un hombre, sin considerar a otros hombres o sin tenerlos en cuenta.[26]

Las leyes humanas, ya sean civiles o eclesiásticas, se dirigen a la dimensión horizontal de la acción humana, la que concierne a otros hombres, y, por lo tanto, pertenecen al reino civil. Así, cuando Calvino dice que la libertad cristiana significa que no estamos sujetos a una "obligación religiosa" en las cosas indiferentes, quiere decir precisamente eso. Las leyes podrían y deberían imponerse para el orden, el decoro y la edificación, tanto en la iglesia como en el estado. En efecto, dada la naturaleza no espiritual (en este sentido específico de "espiritual") de la mayoría de las leyes eclesiásticas, Calvino no veía ninguna razón de ponerlas bajo el dominio de las autoridades de la iglesia solamente, sino que dio a los

---

²⁵ *Institutes* III 19.15 (1:848).
²⁶ *Institutes* III 19.16 (1:849).

magistrados de Ginebra un papel importante en asuntos de culto y orden eclesiástico. [27] En todo esto, el enfoque de Calvino sobre los dos reinos era sustancialmente el mismo que el de Lutero.

---

[27] Véase Tuininga, *Calvin's Political Theology*, 223-24.

CAPÍTULO 3:
LOS DOS REINOS:
DESDE CALVINO HASTA HOOKER

La disciplina en la iglesia y los Dos Reinos

PESE a la continuidad básica entre la formulación de los dos reinos de Calvino y Lutero, surgieron algunas diferencias en el pensamiento y la práctica de Calvino que ayudaron a dar forma a una comprensión distinta de la doctrina dentro de algunas ramas de la tradición reformada (incluida la que VanDrunen ha presentado recientemente). Si bien Calvino nunca cambió su posición esencial sobre la libertad cristiana y los dos reinos en los *Institutos,* después de su edición original de 1535 desarrolló nuevos énfasis que crearon algunas tensiones.

En particular, Calvino amplió enormemente su sección sobre la iglesia visible en el libro IV, y enfatizó cada vez más y más que los medios externos eran ordenados por Dios como los canales necesarios a través de los cuales Cristo gobierna espiritualmente su iglesia. Enfatizó el oficio del clero como "gobernantes espirituales", así como una cuidadosa regulación bíblica del orden de la iglesia. Este cambio se centró principalmente en la comprensión de Calvino sobre la disciplina en la iglesia.

La disciplina eclesiástica ocupaba un turbio término medio entre los dos reinos (como lo demuestra las ambigüedades de muchos teólogos y confesiones del siglo XVI sobre si debe considerarse una tercera marca de la iglesia o no). Al fin y al cabo, es un pronunciamiento sobre el foro interno oculto (si una conciencia está limpia o no ante Dios) que debe tener efecto en el foro externo visible (retirando a un congregante de la asamblea eucarística); su poder consiste solamente en el poder declarativo de la Palabra, pero requiere cierta imposición coercitiva en el aquí y ahora. Para Calvino, su importancia en la vida de la iglesia era demasiado grande para dejarla en manos de simples laicos. Por consiguiente, aunque los ancianos laicos se unían a los ministros para tomar decisiones sobre la disciplina eclesiástica en el Consistorio de Ginebra, y aunque la mayoría de los ancianos laicos ginebrinos eran magistrados del Consejo Municipal, Calvino insistió en que ejercieran la disciplina eclesiástica solo en su papel de funcionarios de la iglesia en lugar de funcionarios civiles.

Después de todo, aunque el sistema de gobierno civil se preocupaba con razón, a los ojos de Calvino, por la práctica religiosa piadosa, así como por la moral y el orden público, había una diferencia entre los pecados y los crímenes, y entre lo que la disciplina eclesiástica y la justicia civil pretendían conseguir. Así pues, surgió una clara distinción entre el gobierno civil y el eclesiástico en la Ginebra de Calvino, donde este último se encontraba con un pie en el reino espiritual oculto y con el otro en el reino civil externo.[1]

Otros sistemas políticos reformados, siguiendo en mayor medida el modelo de Zúrich, pusieron más énfasis en el carácter externo de la disciplina eclesiástica como regulación del buen comportamiento en la comunidad, y, en consecuencia, la consideraron como un asunto mayormente civil, bajo la jurisdicción de laicos de la iglesia en su capacidad de magistrados. En Heidelberg, Thomas Erastus argumentó enérgicamente por esta posición en particular, considerando que el plan de Calvino corría el riesgo de resucitar la tiranía papal de una doble jurisdicción coercitiva sobre los creyentes. El desacuerdo entre estos dos enfoques persistió en Suiza, Alemania, los Países Bajos e Inglaterra durante muchas décadas. Sin embargo, ambos compartieron un modelo de cristiandad para la iglesia y la sociedad, considerando que tales términos se refieren a la misma comunidad vista desde dos perspectivas diferentes.

Por consiguiente, la distinción entre las funciones civiles y eclesiásticas no implicaba una reformulación de los dos reinos como una separación principalmente institucional, y

---

[1] Para un buen repaso de la visión de la disciplina eclesiástica en la Ginebra de Calvino y las tensiones que la rodean, véase Robert M. Kingdon, "Social Control and Political Control in Calvin's Geneva", en *Die Reformation in Deutschland und Europa: Interpretationen und Debatten*, ed. Hans. R. Guggisberg y Gottfried G. Krodel (Gütersloh: Gütersloher Verlagshaus, 1993), 521-32; Gillian Lewis, "Calvinism in Geneva in the time of Calvin and Beza (1541-1605)", en *International Calvinism*, 1541-1715, ed. Menna Prestwich (Oxford: Oxford University Press, 1985), 39-70.

ciertamente no una caracterizada por la distinción moderna de "sagrado" vs. "secular". Una vez más, Calvino mismo nunca dudó de que el cuidado externo de la iglesia estaba dentro de los límites de la jurisdicción civil, declarando que debía "apreciar y proteger el culto externo a Dios, y defender la sana doctrina de la piedad y la posición de la iglesia".[2]

Sin embargo, al igual que en el caso de Lutero, esta regla se ejecutaba de acuerdo con los principios de equidad natural, no con la ley divina; y, en principio, los magistrados gobernaban según su criterio, no según los dictados del clero (aunque en la práctica, esto no siempre era así en Ginebra). El ejercicio de la autoridad humana, tanto en la iglesia como en el Estado, seguía siendo —aunque tenuemente— un ejercicio de prudencia y caridad en el gobierno de las cosas indiferentes, y no un ejercicio que manifestaba la voz de Dios.

El papel del presbiterianismo *jure divino*

A finales del siglo XVI, se puede observar un cambio hacia una comprensión más institucional de los dos reinos entre algunos en la tradición reformada. En este cambio, el surgimiento del presbiterianismo *jure divino* (la opinión de que las Escrituras exigían un gobierno eclesiástico estrictamente presbiteriano) desempeñó un papel importante. Dada la estrecha conexión entre la doctrina de los dos reinos y la doctrina de la libertad cristiana, no debería ser difícil ver por qué. Si la Palabra de Dios ha requerido estrictamente un

---

[2] Calvino, *Institutes*, IV 20.2 (2:1487).

sistema particular de gobierno eclesiástico, entonces su aplicación es vinculante para la conciencia y dicho gobierno ya no entra en el ámbito de la prudencia que caracterizó la comprensión de los reformadores del reino civil.

Además, si los oficiales de ese gobierno hablan directamente en nombre de Dios (como en algunos entendimientos de *jure divino*), entonces todo lo que ordenan pertenecería al reino espiritual. Después de todo, el reino civil fue definido por Lutero y Calvino como uno en el que el gobierno de Dios es mediado solo indirectamente a través de las autoridades humanas, las cuales, por lo tanto, no podían ser vinculantes para la conciencia. El sucesor de Calvino en Ginebra, Teodoro Beza, es a veces identificado como la fuente de este cambio, y, ciertamente, fue más allá que Calvino al afirmar que el presbiterianismo y la autoridad de los ministros eran requisitos bíblicos.[3]

Sin embargo, la estrecha cooperación del ministerio y la magistratura en Ginebra templó cualquier intento de externalizar el reino espiritual como una institución separada. Del mismo modo, no obstante, los profundos conflictos que surgieron entre la magistratura y el ministerio en la Inglaterra de Isabel alentaron tal externalización, en particular entre los puritanos.

Los obispos protestantes de la reina Isabel defendieron la autoridad de la reina que le permitía imponer la uniformidad en las diversas ceremonias eclesiásticas como asuntos puramente externos, y sostuvieron que esto no planteaba

---

[3] Véase Tadataka Maruyama, *The Ecclesiology of Theodore Beza: The Reform of the True Church* (Geneva: Librairie Droz, 1978).

ningún problema para la libertad cristiana en el reino espiritual de la conciencia, ya que no se hacían afirmaciones doctrinales sobre las ceremonias. Pero para muchos protestantes ingleses, las ceremonias sí planteaban un problema de conciencia, ya que parecían intrínsecamente supersticiosas o papistas.

Las intensas presiones de conciencia creadas por esta tensión entre la lealtad a la reina y la preocupación por la superstición generaron una serie de rápidos cambios en las décadas de 1560 y 1570. En primer lugar, la noción misma de la adiáfora fue seriamente cuestionada, ya que los puritanos emergentes se preguntaban si Dios realmente habría dejado a la iglesia sin guía en cuestiones tan importantes; si las Escrituras eran realmente la regla para la vida cristiana, ¿no proporcionaría una guía detallada para todos los asuntos de orden eclesiástico? Al mismo tiempo, los obispos se convirtieron en los chivos expiatorios por la falta de reformas adecuadas, y el teólogo radical de Cambridge, Thomas Cartwright, promovió la teoría de que la idea del obispado no era bíblica y que Dios requería un gobierno presbiteriano de la iglesia.

Si bien no repudió explícitamente la autoridad de la reina sobre la iglesia, promulgó la idea de que la iglesia, concebida en términos de ministros ordenados, podía gobernar autónomamente sus propios asuntos; este es un concepto derivado de Beza, pero principalmente del paradigma de las "iglesias extrañas", que muchos protestantes ingleses habían experimentado durante su exilio bajo María la Sanguinaria. Además, un organismo independiente de este tipo podía asegurar una membresía mucho más pura y disciplinada que la "multitud mixta" de las iglesias protestantes nacionales. En resumen, la iglesia visible podía aproximarse a la invisible.[4]

Tomados en conjunto, estos conceptos —una detallada estructura para la iglesia basada en las Escrituras, ministros presbiterianos como intérpretes autorizados, y el ideal de un puro y disciplinado cuerpo de "santos visibles"— proveyeron los elementos básicos para una nueva mutación de la doctrina de los dos reinos. En Inglaterra, esto recibió su máxima expresión en las obras de Thomas Cartwright y Walter Travers en las décadas de 1570 y 1580, aunque Andrew Melville estaba promoviendo simultáneamente un paradigma similar en Escocia, donde dejaría una huella duradera. Para estos hombres, los dos reinos representan dos manifestaciones externas del gobierno de Dios: uno a través de los ministros y su régimen disciplinario, y el otro a través de los magistrados y su régimen disciplinario. Cada uno de ellos presidía una sociedad distinta con fines distintos y responsabilidades estrictamente definidas.

Las implicaciones para la teología política fueron dramáticas, amenazando con alterar el delicado equilibrio en la teología política protestante entre los roles seculares (como autoridad del reino temporal que gobierna por la ley humana) y sagrados (como miembro principal de la iglesia encargado del cuidado de la misma) del magisterio. Muchos escritores modernos han reconocido el proyecto puritano como una

---

[4] Para una exposición más completa de estos temas, véase el capítulo 3 de mi *Peril and Promise of Christian Liberty*.

campaña por la libertad religiosa que anticipó las posteriores separaciones de la iglesia y el estado.[5]

Sin embargo, a pesar de los genuinos grandes logros del puritanismo, la libertad religiosa no fue uno de ellos. Sin duda, el ala separatista del puritanismo tenía como objetivo una especie de separación de la iglesia y el estado, pero solo para que fuera libre de imponer una estricta autoridad religiosa dentro de su propia comunidad. La mayoría de los puritanos, mientras tanto, buscaron dictar los términos de la reforma de la establecida iglesia nacional de acuerdo con lo que ellos consideraban los mandatos de las Escrituras, dejando muy poco espacio para el disentimiento.

El sectarismo díscolo que resultó cuando ambas partes se dirigieron a la colonia de la bahía de Massachusetts fue la consecuencia natural de un esfuerzo excesivo de hacer que el reino espiritual de Cristo tomara forma visible en una comunidad humana pura y santificada. [6] De hecho, sus oponentes conformistas en Inglaterra acusaron al clericalismo puritano de reproducir los males del papado de la Baja Edad Media, en el que el magisterio estaba obligado a enmarcar sus leyes y a ejecutar sus políticas de acuerdo con los dictados clericales. Al reducir dramáticamente el reino de la adiáfora, el puritanismo hizo retroceder mejoras clave de la Reforma. Las conciencias de los creyentes una vez más tenían que andar con cuidado en una maraña de regulaciones morales y

---

[5] Véase, por ejemplo, Douglas F. Kelly, *The Emergence of Liberty in the Modern World: The Influence of Calvin on Five Governments From the 16th Through 18th Century* (Phillipsburg, NJ: P&R Publishing, 1992).

[6] Véase Michael P. Winship, *Godly Republicanism: Puritans, Pilgrims and a City on a Hill* (Cambridge, MA: Harvard University Press, 2012).

eclesiásticas, temerosos de que cualquier transgresión fuera una rebelión contra Dios.

Así, fue en defensa de la libertad cristiana que, paradójico para nuestros oídos, el teólogo inglés Richard Hooker tomó su pluma para justificar la autoridad del magisterio para imponer la uniformidad religiosa.

El enfoque de Richard Hooker sobre "las cosas indiferentes"

Pocas figuras en la historia de la teología pueden presumir de un legado tan disputado como Richard Hooker, el supuesto antepasado de un proteico *via media* que es redefinido con una vertiginosa frecuencia. Hasta hace poco, muchas lecturas de Hooker sufrían de la insularidad que caracterizaba a gran parte de la historiografía anglicana, tenazmente comprometida con la suposición de que Inglaterra tuvo su propia historia, y que era feliz e independiente de lo que sucedía en el continente. Así que cuando el historiador Torrance Kirby sugirió que Richard Hooker, en efecto, debería ser leído como un teólogo de la Reforma magisterial, metió el dedo en la llaga de los eruditos de Hooker, generando una reacción hostil que, después de dos décadas, no muestra signos de ceder.[7] Quizá de

---

[7] Kirby encendió la disputa con su *Richard Hooker's Doctrine of the Royal Supremacy* (Leiden: Brill, 1990). Para una visión general del conflicto desde entonces, véase mi "Search for a Reformed Hooker", *Reformation & Renaissance Review 16*, nro. 1 (2014): 68-82. Para el último intento de abordar en profundidad estas cuestiones, véase W. Bradford Littlejohn y Scott N. Kindred-Barnes, eds., *Richard Hooker and Reformed Orthodoxy* (Göttingen: Vandenhoeck and Ruprecht, 2017).

manera reveladora, ninguna de las respuestas a Kirby y sus seguidores se ha preocupado en abordar el corazón de la tesis de su reinterpretación: que la respuesta teológica de Hooker al puritanismo se basó en su doctrina protestante y luterana de los dos reinos.

Dada la prominencia de la doctrina en las tempranas polémicas entre conformistas y puritanos, no es una sorpresa que Hooker se base en ella en su magistral defensa de la Iglesia de Inglaterra, *Las leyes de la política eclesiástica* (*The Lawes of Ecclesiasticall Poilitie*). Sin embargo, sería un error imaginar que Hooker está simplemente reafirmando la enseñanza consensuada de la iglesia tudoriana. Por el contrario, aunque el paradigma de los dos reinos había sido frecuentemente invocado por sus predecesores, estaba plagado de tensiones significativas en al menos dos aspectos.

En primer lugar, sus predecesores, aunque decían que la esfera de la autoridad del magisterio en la iglesia era solo sobre "las cosas indiferentes" y no sobre la sustancia de la fe o el ministerio de la palabra y los sacramentos, tenían la tendencia a decir que esta autoridad en sí misma no era una cosa indiferente. Más bien, la supremacía real sobre la iglesia se basaba en la ley divina; era el modelo que Dios había establecido en el Antiguo Testamento, y las políticas cristianas no tenían derecho a alterarlo.

Si una hazaña clave de la doctrina de los dos reinos de Lutero había sido desacralizar el reinado terrenal y, de hecho, todo el gobierno humano, entonces algunos protestantes isabelinos que invocaron la doctrina claramente no entendieron el mensaje. En textos como el clásico *Apología de la iglesia de Inglaterra* (*Apology of the Church of England*) del obispo Jewel (1563), la idea de la realeza sagrada estaba vigente.[8] En este sentido, había algo de legitimidad en la queja de que los Tudor simplemente sustituyeron al papa por el príncipe, aunque ciertamente tales apologistas se aferraban firmemente a la esencial idea de los dos reinos de que el príncipe no tenía autoridad sobre la conciencia.

La tensión aquí era parte de una ambigüedad mayor que irritaba las discusiones protestantes sobre la adiáfora. ¿Se refería esta categoría a todas esas cosas "no necesarias para la salvación" o a esas cosas "no mandadas o prohibidas en las Escrituras?". Las cosas "indiferentes" en el primer sentido podrían no serlo en el segundo, y esta ambigüedad comenzó a confundir considerablemente las discusiones, en particular cuando los puritanos comenzaron a insistir, de manera contraria a Lutero, que la obediencia a todos los mandamientos bíblicos de Dios era en cierto sentido necesaria para la salvación. [9] Al criticar el puritanismo, entonces, Hooker también se propuso la tarea de resolver el caso conformista. Aclaró la relación de estos diferentes sentidos de la adiáfora y socavó decisivamente la idea de la realeza sagrada al arraigar

---

[8] Andre A. Gazal, *Scripture and Royal Supremacy in Tudor England: The Use of Old Testament Historical Narrative* (Lewiston: Edwin Mellen Press, 2013).

[9] Como dijo Thomas Cartwright, a menos que "tengamos la palabra de Dios delante de nosotros en todas nuestras acciones... no podemos estar seguros de otra manera de que agraden a Dios" (*The Second Replie of Thomas Cartwright: Agaynst Master Doctor Whitgifts Second Answer Touching the Church Discipline* [Heidelberg: 1575], 61). Para una mayor exposición de este tema, véase Stephen Brachlow, *The Communion of the Saints: Radical Puritan and Separatist Ecclesiology, 1570-1625* (Oxford: Oxford University Press, 1988), cap. 3.

la supremacía real directamente en el terreno de la ley natural y humana en lugar de la ley divina.

En efecto, él comienza las *Leyes de la política eclesiástica* (*Lawes of Ecclesiasticall Politie*) con una magistral disquisición sobre las diversas formas de ley, su relación entre sí y su relación con la única ley eterna en el seno de Dios, dentro de la cual todas encuentran su unidad y *telos* común. En este relato, que constituyó un influyente resurgimiento del tomismo protestante, Hooker clasifica la ley humana, que rige todas las "sociedades políticas", como el producto del discernimiento racional de la ley natural (o lo que Hooker llama la "ley de la razón") y su aplicación por un acto de voluntad colectiva (legislación) sobre un cuerpo político. La ley sobrenatural o divina no debe entenderse como todo lo que se encuentra en las Escrituras —todo lo que es sobrenatural con respecto al origen— sino más bien como aquello que es sobrenatural con respecto a su fin. En otras palabras, la ley sobrenatural es la que nos dirige a nuestro fin, que es la unión con Dios, de la que el pecado nos ha hecho completamente incapaces de obtener; es decir, establece el camino de la salvación. En resumen, gobierna el reino espiritual.[10]

Pero ¿qué hace Hooker con el hecho de que gran parte de las Escrituras hablan de otras cosas aparte del camino de la salvación, como los asuntos del reino civil? Es decir, ¿cómo resuelve la discontinuidad entre los dos sentidos de la

---

[10] La exposición principal de Hooker de estas distinciones se encuentra en el Libro I de *Lawes of Ecclesiastical Politie*, que aparecerá en breve en una "traducción" inglesa moderna: W. Bradford Littlejohn, Brian Marr, y Bradley Belschner, eds., *A Christian Theory of Law: A Modernization of Book I of Richard Hooker's Laws of Ecclesiastical Polity* (Moscú, ID: The Davenant Press, 2017).

adiáfora? Su respuesta es, desde luego, que la ley divina de las Escrituras no solo contiene la ley sobrenatural, sino que reafirma gran parte del contenido de la ley natural y, además, ofrece ejemplos de muchas aplicaciones de la ley natural en la ley humana. ¿Por qué? Porque Hooker, como buen protestante, comprende que la razón caída es muy propensa a extraviarse incluso en los asuntos terrenales y que se beneficiará mucho de esta enseñanza más clara.

Sin embargo, en este punto, Hooker insiste en que la Escritura está reafirmando y aclarando algo en la ley moral que ya es vinculante, que ya es normativa en virtud de la creación y no en virtud de las Escrituras. Lo mismo es cierto, en esencia, para la ley humana, y esto es el núcleo de su respuesta tanto a los puritanos como a los entusiasmados conformistas. Si una ley contenida en las Escrituras tiene, formalmente, el carácter de ley humana —es decir, una ley positiva que aplica los principios de la ley natural a las necesidades cambiantes de las políticas humanas—, entonces el hecho de que esté contenida en las Escrituras no cambia este estatus. Así, por ejemplo, en la medida en que nuestras circunstancias siguen siendo las mismas que las del antiguo Israel o de la iglesia del Nuevo Testamento, las leyes positivas que allí se establecen, como descripciones infalibles (porque se dan en las Escrituras) de lo que la ley natural requería entonces, todavía son vinculantes. Sin embargo, si nuestras circunstancias han cambiado, somos libres de usar la razón, iluminada por la atención a los principios y precedentes de las Escrituras, para hacer lo contrario.[11]

La mención de la "iglesia del Nuevo Testamento" pone de relieve el hecho de que para Hooker, cuando hablamos de "ley humana", no estamos hablando estrictamente de la ley civil. Aquí es donde su doctrina de los dos reinos desempeña un papel clave. Reafirma que la iglesia existe en dos aspectos: invisible, como un cuerpo perfecto conformado por los redimidos ante Dios; y visible, como una comunidad mixta de cristianos profesos ante el mundo. En el segundo sentido, la iglesia es una "sociedad política", que requiere gobierno, autoridad y orden público como cualquier otra. Como tal, se rige por la ley humana, que puede derivarse de la ley natural.[12]

Por mucho que estimemos la autoridad de las Escrituras, dice Hooker, no hay razón para pensar que encontraremos regulaciones detalladas sobre el orden de la iglesia en las Escrituras; y, de hecho, no las hay, contrario a los sinceros intentos puritanos de encontrarlas. Incluso cuando sí encontramos tales regulaciones, están sujetas a las cambiantes circunstancias y pueden ser o no ser vinculantes para la política y la liturgia de la iglesia. Por consiguiente, en la Inglaterra protestante, debido a que la comunidad de los creyentes profesos coexiste con el Estado asociado, el jefe de Estado puede legítimamente ejercer la autoridad jurídica suprema sobre los asuntos de la política de la iglesia. Esto no tiene por

---

[11] Hooker, *Lawes*, I. 15, http://oll.libertyfund.org/titles/hooker-the- works-of-richard-hooker-vol-1.

[12] Hooker, *Lawes*, III. 1-3, 9-11, http://oll.libertyfund.org/titles/hooker- the-works-of-richard-hooker-vol-1. Para una exposición más completa, véase mi *Peril and Promise*, cap. 4.

qué ser siempre así —aunque Hooker cree que los gobernantes cristianos deben preocuparse siempre por la protección y el avance de la verdadera religión en sus reinos—, pero es un arreglo eminentemente razonable y bíblicamente defendible en las condiciones de la Inglaterra isabelina.[13]

La doctrina de los Dos Reinos de Richard Hooker

En cuanto a los dos reinos en sí, Hooker reconoció que hubo una ambigüedad generalizada en la formulación magisterial protestante, que dejó espacio para que puritanos, como Thomas Cartwright, concibieran los dos reinos en términos institucionales. Cartwright, como VanDrunen y muchos defensores modernos de la doctrina de los dos reinos, se pregunta si realmente tiene sentido distinguir los reinos espirituales y temporales como "internos" y "externos". Después de todo, ¿no se ocupa la iglesia fundamentalmente de asuntos espirituales, bajo la dirección de Cristo? ¿Acaso no son estos asuntos atendidos por ministros humanos que trabajan externa y visiblemente, predicando y administrando los sacramentos? ¿No es tal ministerio externo todavía espiritual y, por lo tanto, totalmente distinto de las leyes y reglamentos que conciernen al magisterio civil en el reino temporal?

---

[13] Hooker, *Lawes* VIII. 3, http://oll.libertyfund.org/titles/hooker-the- works-of-richard-hooker-vol-3. Para una exposición más completa, véase mi *Peril and Promise*, cap. 6.

Hooker se ofrece a aclarar la confusión al conceder que podemos usar la palabra "espiritual" en ese sentido más amplio, siempre y cuando mantengamos una clara distinción entre la obra interna de Cristo y la obra externa de la iglesia:

Pondremos las cosas claras de aquí en adelante con el fin de que un niño sea capaz de concebir correctamente a lo que nos referimos: el regimiento espiritual de Cristo es generalmente aquel por el cual su iglesia se rige y gobierna en las cosas espirituales. De este concepto general hacemos dos distinciones: el regimiento ejercido invisiblemente por Cristo mismo en su propia persona; y el que es administrado externamente por aquellos a quienes Cristo permite ser los gobernantes y guías de su iglesia.

En cuanto a la primera de estas dos clases, enseñamos que Cristo, con respecto a ello, se llama particularmente la Cabeza de la iglesia de Dios; ninguna otra criatura, en ese sentido y significado, puede ser llamada cabeza aparte de Él, porque dirige la conducta y el gobierno de nuestras almas, de la mano de ese Espíritu bendito con el que estamos sellados y marcados como peculiarmente suyos. Por lo tanto, solo a Él reconocemos como el Señor que habita, vive y reina en nuestros corazones; solo a Él reconocemos como la Cabeza que da vida y salvación a su cuerpo; solo a Él reconocemos como la fuente de la que destila la influencia de la gracia celestial a todas las partes, ya sea por la palabra, los sacramentos, la disciplina o cualquier otro medio por el que fluya.

Sin embargo, el ministerio externo de la iglesia, "en efecto, le pertenece a Él y es espiritual…, pero no es espiritual en el sentido de que se ejerza interna e invisiblemente; ni de Él en el sentido que Él mismo lo ejerza en persona". Además, aunque la mayor parte de este ministerio pertenece únicamente al clero, Hooker argumenta que podemos distinguir más el "poder de dominio", el gobierno sobre la estructura externa de la iglesia, que es, sin duda, todavía "espiritual" en el sentido de preocuparse por las cosas espirituales, pero temporal en el modo de su administración, y, por ello, sujeto a una deliberación prudente.[14]

Hooker complementa este cuadro con lo que podríamos llamar su doctrina de las correspondencias: su insistencia en que la iglesia externa debe buscar correspondencia con su realidad interior. "Los signos deben parecerse a las cosas que representan", declara; y podríamos hablar legítimamente de la iglesia visible, de acuerdo con su teología, como un signo que representa la presencia de lo invisible. Por consiguiente, la iglesia debe esforzarse por manifestar externamente las cualidades que tiene en Cristo:

Lo que cada hombre debe ser internamente, la iglesia debe testificar externamente. Y por eso los deberes de nuestra religión que se ven deben ser tales como aquel afecto que no se ve. Los signos deben parecerse a las cosas que representan. Si la religión es la que más influye en nuestros corazones, nuestros deberes religiosos externos deben mostrarlo, en la medida en que la iglesia tiene una capacidad externa... Sí, entonces los deberes públicos de la religión están mejor ordenados cuando la iglesia militante se asemeja, por medios sensatos y a medida que lo pueda hacer en

---

[14] Hooker, *Lawes* VIII 4.10, http://oll.libertyfund.org/titles/hooker-the-works-of-richard-hooker-vol-3 (nótese que en las nuevas ediciones críticas, los números de las secciones han cambiado y esta es ahora la VIII 4.9).

tales casos, a la dignidad y gloria ocultas con las que la iglesia triunfante en el cielo es embellecida.[15]

La clara distinción entre los dos reinos, por lo tanto, no es una licencia para la apatía sobre el orden visible y temporal de la comunidad cristiana, especialmente cuando se reúne para el culto en la iglesia. Podemos y debemos buscar que la iglesia visible refleje y nos señale lo invisible, pero como un signo o sacramento, y no como la cosa en sí misma.

Ahora podemos ver por qué las *Leyes* de Hooker representan una contribución tan importante a la teología protestante de los dos reinos, incluso si nos resistimos a las conclusiones que el mismo Hooker tuvo sobre la uniformidad religiosa y la supremacía real. Por muy opresivas que nos parezcan hoy en día, fueron, al menos tal como las entendía y defendía Hooker, mucho menos opresivas que el legalismo puritano al que se oponía, el cual no admitía oposición ni espacio para el criterio en el orden externo de la comunidad cristiana.

Hooker merece el crédito por liberar las conciencias cristianas de la tiranía de las Escrituras concebidas como un exhaustivo libro de leyes, desacralizando la autoridad humana tanto en la iglesia como en el estado, y resistiendo la tendencia puritana de tratar manifestar el gobierno escatológico de Cristo en la iglesia visible. En todo esto reafirmó la agenda central de la reforma de Lutero, pero también aclaró y completó las

---

[15]   Hooker, *Lawes*, V   6.1-2, http://oll.libertyfund.org/titles/hooker-the-   works-of-richard-hooker-vol-2 . Para una exposición más completa, véase caps. 10-11 de mi *Richard Hooker: A Companion to His Life and Work* (Eugene, OR: Cascade, 2015).

formulaciones, a veces paradójicas, de Lutero al explicar cómo era que la iglesia visible tenía un pie en ambos reinos, por así decirlo.

CAPÍTULO 4: CONTRIBUCIONES DEL PENSAMIENTO DE LOS DOS REINOS

El rechazo a la idolatría

En su forma más básica, la doctrina de los dos reinos fue la reprimenda de la Reforma a la idolatría, en particular, a las idolatrías de la Iglesia de Roma, pero en principio a cualquiera que el corazón humano, esa "fábrica de ídolos", como lo llamó Calvino, pudiera producir. La doctrina de los dos reinos fue una reprimenda a nuestro afán de llamar a Cristo a bajar del cielo, viendo su mano en nuestras propias obras y escuchando su voz en nuestras propias palabras. Fue un recordatorio escatológico de que vivimos en un tiempo entre las venidas de Cristo, y que pese a nuestro deber de dar testimonio del reino del Hijo del Hombre, ese reino permanece oculto detrás de las "máscaras" que Dios ha ordenado para hacer su voluntad en la historia.

Específicamente en el siglo XVI, este rechazo de la idolatría se hizo sentir en casi todas las áreas de la vida que la iglesia medieval había colonizado: los iconos y reliquias que se veían como conductos hacia el cielo fueron desechados; los sacramentos y rituales a los que se les había concedido el poder de unir a las personas a Cristo se entendieron solo como instrumentos para que la fe realice su poderosa labor; y la exaltación de la vida clerical y monástica, como una manera exclusiva de participar en el reino celestial, fue rechazada en favor del sacerdocio de todos los creyentes. Pero lo más importante fue que los reformadores cuestionaron el marco de autoridad idolatrada afirmada por la iglesia del medioevo tardío, y aquí fue donde la doctrina de los dos reinos hizo su trabajo más significativo. Ni el papa ni ninguno de sus secuaces podía reclamar una autoridad temporal coercitiva dentro de la cristiandad, ni ninguna exención de la apropiada autoridad temporal ejercida por los magistrados.

En el ámbito espiritual, los ministros de la iglesia todavía ejercían una autoridad importante, pero una que era puramente declarativa y completamente falible. Solo Cristo reinaba sobre los corazones de los creyentes, de tal manera que ningún hipócrita podía encontrar un lugar en su reino sin importar a cuántos sacerdotes pudiera impresionar, y ningún pecador arrepentido encontraría la puerta del cielo cerrada contra él, cualesquiera que fueran las sentencias de excomunión que se interpusieran.

Desde luego, puesto que los reformadores insistieron, con razón, en que todavía existía un ministerio eclesiástico, dotado de una autoridad única para proclamar la Palabra y proteger a la iglesia, no siempre les resultó fácil mantener toda la fuerza de su revolución. Ya que somos criaturas de sentidos, la invisibilidad de la iglesia naturalmente nos pone nerviosos. Así, no debería ser una sorpresa que en el siglo XVI y más allá, varias eclesiologías protestantes a menudo se opusieron a la doctrina de los dos reinos, ya sea a través de sectas anabaptistas que enfatizaban demasiado la pureza del cuerpo, o de presbiterianos o episcopales de la alta iglesia que insistían en que la gracia de Dios solo podía fluir a través de estructuras eclesiásticas debidamente autorizadas. Incluso en la iglesia baja de Estados Unidos, el protestantismo ha producido una serie constante de sectas, cultos e instituciones enfocadas en personalidades, que han mezclado peligrosamente una institución particular con el reino de Cristo. Aún así, el logro de la Reforma en la reconceptualización de la iglesia ha sido real y duradero.

El papel cambiante del estado

La profunda desmitificación de la autoridad clerical lograda por la Reforma resultó en el correspondiente empoderamiento de la autoridad laica en la iglesia y la sociedad. En este sentido, la Reforma ha sido cínicamente vista como la ansiada victoria de los gobernantes seculares sobre los eclesiásticos en la lucha del medievo tardío entre la iglesia y el estado. De hecho, muchos han lamentado la reconfiguración, causada por la Reforma, de la autoridad dentro de la cristiandad, viendo en ella los semilleros de un absolutismo estatista no mejor que (o quizás considerablemente peor, dependiendo del comentarista) el absolutismo papista. ¿No fue la Reforma responsable, se nos pregunta, del surgimiento de las monarquías absolutistas de derecho divino y de las naciones-estado despóticas en el siglo XVII y, eventualmente, de las idolatrías y atrocidades nacionalistas en los siglos XIX y XX?

No hay duda de que el retiro de la antigua iglesia dejó espacio a las ingeniosas autoridades civiles para consolidar sus poderes en una medida sin precedentes en el periodo moderno temprano, tanto para bien como para mal; y tampoco hay duda de que la propia doctrina de los dos reinos a veces se utilizó para justificar ideas despóticas (como en el *Leviatán* de Thomas Hobbes). Sin embargo, la tendencia general del protestantismo era socavar los fundamentos teológicos del absolutismo tanto en el estado como en la iglesia. Porque mientras que los monarcas medievales habían encontrado un lugar dentro de la red de la jerarquía sagrada que estructuró la sociedad del medievo tardío, la teoría de los dos reinos desacralizó, o más propiamente, destronó al Estado y al ejercicio de la autoridad civil.

La autoridad política seguía siendo ordenada por Dios y responsable ante Dios y, de hecho, redimida en Cristo; en este sentido, podría decirse que mediaba el gobierno de Dios. Sin embargo, este gobierno de la "mano izquierda" de Dios era radicalmente distinto de su formal obra de redención, pues supervisaba asuntos de importancia temporal y limitada. Las autoridades civiles eran responsables de preservar el orden creado, no de traer la nueva creación. Esta enseñanza fijó un límite decisivo al alcance de la autoridad civil o a los tipos de exigencias que podía hacer.

Ciertamente, el papado medieval también había limitado al estado, pero al tratar de convertir a las autoridades civiles en policías de la iglesia, causó que los gobernantes enredaran los asuntos de conciencia con la política, haciendo de la herejía un crimen civil. Aunque de manera vacilante e inconsistente, los herederos de Lutero trabajaron para desenredar esto. De hecho, tal vez valga la pena señalar que, aunque el absolutismo de derecho divino progresó un poco en la Inglaterra protestante del siglo XVII (en particular con Carlos I), resultó finalmente efímero y contraproducente, al mismo tiempo que echaba raíces profundas y duraderas en la Francia católica.

Además, pese a que existe un debate sobre si en el periodo moderno temprano se produjo un aumento de guerra y violencia en Europa occidental, la justificación de la violencia se redujo drásticamente con la Reforma. La teoría de los dos reinos de Lutero desacralizó radicalmente la violencia, asociándola enteramente al dominio temporal y a fines temporales muy limitados, y muchos de sus herederos llevaron adelante este legado de manera admirable.[1]

Desde luego, es cierto que la naturaleza aborrece lo que no puede ver, por lo que no es sorpresa que la mística de la autoridad sagrada, al haber sido desplazada de las autoridades individuales de la iglesia y el estado, se adhiera a lo que, según Lutero, era el verdadero sacerdocio: todo el pueblo cristiano. Los movimientos nacionalistas de los siglos XIX y XX, con su

---

[1] Para un buen ejemplo del impacto de la teología política de los dos reinos en la ayuda a la creación de un espacio para la libertad religiosa, véase Eric Nelson, *The Hebrew Republic: Jewish Sources and the Transformation of European Political Thought* (Cambridge, MA: Harvard University Press, 2010).

tendencia a sacralizar a toda la nación o al pueblo, pueden considerarse como un efecto dominó procedente de la doctrina protestante de los dos reinos, pese a que la única manera para que dichos movimientos pudieran tener éxito sea ignorando la premisa básica de la doctrina: la negativa a inmanentizar el escatón, es decir, a tratar de atribuir la realidad escatológica final a cualquier estructura o comunidad terrestre.

Relevancia duradera

Aún así, desde nuestro punto de vista en el siglo XXI, podemos preguntarnos si este legado de la Reforma no ha ido demasiado lejos. Ciertamente, hace quinientos años, puede haber sido necesario liberar la conciencia del individuo de las autoridades espirituales opresivas; pero hoy en día la necesidad es convencer a los individuos que deben escuchar a las autoridades espirituales. La desacralización de las instituciones y las autoridades humanas ha ido tan lejos que para nosotros hoy nada es sagrado, bueno, excepto los deseos fugaces del individuo. Una serie de críticos de la modernidad han lamentado el "desencanto" del mundo forjado por la Reforma, que si bien sin intención, afirman, condujo inexorablemente al lúgubre mundo amoral del secularismo moderno, en el que Dios parece estar muerto y el hombre rehace el mundo a su antojo.

No podemos abordar aquí adecuadamente todos estos argumentos radicales, pero vale la pena detenerse a considerar la rareza de la acusación de que el protestantismo sacó a Dios de la vida cotidiana. Al fin y al cabo, la intención de Lutero era hacer justo lo contrario, sacar al cristianismo de los monasterios y de las misas privadas en las capillas de las iglesias para llevarlo a la vida ordinaria de los laicos. Desde luego, escuchar a los sacerdotes cantar en un idioma extranjero detrás del altar puede haber causado cierta *impresión,* pero el granjero luterano cantando enérgicamente salmos en alemán, mientras araba sus campos, seguro tenía un sentido más completo de la presencia de Dios en su trabajo y en el mundo. Los reformadores magisteriales buscaron transformar la noción del "reino espiritual" que consiste en un reino institucional conformado solo por el clero a una dimensión de existencia que da vigor a cada aspecto de la vida cristiana.

Los defensores de los dos reinos que hoy en día quieren combatir el desencanto de la modernidad reafirmando la noción de la iglesia institucional como reino espiritual están tristemente equivocados. Ciertamente, necesitamos recuperar el sentido de objetividad en los medios de gracia, experimentados en el culto congregacional, como el manantial central que fluye a cada rincón de nuestras vidas. Y necesitamos renunciar al transformacionalismo triunfalista que busca convertir cada campo del discipulado cristiano en una forma de construir el reino, colocando una carga escatológica inapropiada en las tareas mundanas de tratar de vivir la auténtica humanidad en un mundo caído. Sin embargo, colocar una carga escatológica indebida en el trabajo de la iglesia visible no es nada mejor.

Por consiguiente, comenzaremos la segunda parte de esta guía, que busca aplicar la doctrina de los dos reinos en la tarea contemporánea del discipulado cristiano, con una consideración de cómo la eclesiología de los dos reinos se refleja en la actualidad.

CAPÍTULO 5:
LOS DOS REINOS EN LA IGLESIA

Como he dicho en capítulos anteriores, la doctrina de los dos reinos es a menudo mal entendida como una distinción entre la iglesia y algo más, ya sea el estado, la sociedad civil o la vida cultural en general. De hecho, la iglesia misma vive en ambos reinos y, ciertamente, en ningún lugar es más importante recordar esta distinción escatológica que en el trabajo de la iglesia. Precisamente porque la iglesia es el signo de la presencia y el reinado de Cristo en el mundo, es tentador confundir el signo con la realidad y poner una carga insostenible de expectativas sobre una institución que sigue siendo, pese a todos los destellos de gracia que brillan a través de ella, demasiado humana.

En este capítulo, consideraré el valor de una eclesiología de dos reinos desde dos perspectivas principales: primero, cómo entender la tarea ministerial de predicar, pastorear y disciplinar; y, segundo, qué significa para la iglesia ser un cuerpo visible, y cómo esto se relaciona con las aspiraciones ecuménicas.

Los Dos Reinos y el pastorado

Es difícil ser pastor. Lo sé porque nunca me he atrevido a intentarlo, pero he visto a otros hacerlo. Claro, siempre se puede evitar predicar sobre algo muy concreto y personal como para no ofender a nadie, y algunos ministros han perfeccionado el arte de hacerlo durante años. Pero tan pronto como se toma en serio su tarea como pastor de almas es probable que el ministro escuche gritos de indignación, llamándolo un legalista y aguafiestas que carga conciencias y pisotea la libertad cristiana. O tal vez, dependiendo de su congregación, puede ser acusado de ser un blandengue o un antinomiano, negándose a ponerse los pantalones y hablar sin compromiso a nuestra cultura. En la privacidad de una consejería personal, puede que no tenga una multitud que lo cuestione, pero ciertamente se cuestionará a sí mismo: ¿necesita esta alma errante ser consolada con las promesas del evangelio o debe ser sacudido de la autocomplacencia con un recordatorio del juicio de Dios contra los pecadores? Un paso en falso puede ser un asunto de vida y muerte espiritual.

Ante este dilema, muchos pastores, al menos en los círculos conservadores, tienen como objetivo "no decir nada más de lo que dice la Biblia". En un sentido, esto no solo es loable, sino necesario: la Biblia es la guía autoritativa tanto para la fe como para la práctica y la norma final para decidir cualquier cuestión doctrinal. Y mucho de lo que el pastor está llamado a hacer es simplemente proclamar el evangelio. Pero la buena noticia es, como ha dicho Oliver O'Donovan, un "consuelo demandante",[2] y la tarea de pastorear significa saber cómo aplicar tanto la demanda como el consuelo a las vidas concretas de su rebaño, lo que necesariamente llevará al ministro a ir más allá de las Escrituras; puede que no lo lleve más allá del espíritu de lo que dice, pero sí de la letra.

Para predicar y pastorear eficazmente, el ministro debe estar inmerso en las cosas de la vida cotidiana, como los innumerables desafíos personales, sociales, políticos y culturales que enfrenta su congregación y que en cada momento la acerca o la aleja del rostro de Dios. Y las Escrituras, debe decirse, no lidian con hipotecas de casas, el matrimonio gay o la pornografía en línea como tal; obviamente, sí aborda el tema de las deudas, la sexualidad y la lujuria, pero aquellos desafíos específicos y novedosos no están a la vista en el texto bíblico.

"No decir nada más de lo que dice la Biblia", entonces, puede tomar dos formas: o bien el ministro, temiendo cargar las conciencias por cualquier aplicación específica en cuestiones que van más allá de la Palabra, evita desde el púlpito, en la medida de lo posible, las apremiantes preocupaciones sociales y culturales con las que su congregación lucha los otros seis días de la semana, y se limita principalmente a charlas teológicas en lugar de sermones, o a vagos clichés cuando se trata de asuntos éticos; o bien el ministro, convencido de que la Biblia realmente habla de todo,

---

[2] Oliver O'Donovan, *The Church in Crisis: The Gay Controversy and the Anglican Communion* (Eugene, OR: Cascade Books, 2008), 104.

procede a ver las preocupaciones del día —control de armas, hipotecas de casas o política de salud— en el texto bíblico, finalizando con un estruendoso "¡así dice el Señor!" (presuntamente todos los que no están de acuerdo con la aplicación están cegados por el pecado). En la consejería pastoral, "solo la Biblia" ha llegado a significar a menudo algo parecido al enfoque de "consejería noutética", en el que las complejidades de la sicología humana y los detalles de las circunstancias particulares son obviadas, y se le dice al alma atribulada que "confiese y se arrepienta de su rebelión contra Dios". Todo esto en nombre de la protección de la libertad cristiana.

Para los defensores de la doctrina moderna de los dos reinos, una de las razones importantes para la distinción de los dos reinos es preservar la libertad de los cristianos de tal abuso desde el púlpito. Y tienen razón en esta preocupación; de hecho, para Lutero y Calvino, como ya hemos visto, uno de los propósitos principales de la doctrina era evitar que el clero vinculara de manera inapropiada las conciencias de los laicos. Sin embargo, no debemos imaginar que con el simple hecho de distinguir los asuntos políticos como parte del "reino civil", fuera de los límites de los pastores, resolvemos el problema. Sin duda, las grandes cuestiones políticas y sociales añaden un nuevo nivel de complejidad que dificulta que las Escrituras se reflejen directamente en ellas. Pero incluso si el pastor evita con cuidado ofrecer cualquier guía en cuestiones políticas, el problema permanece.

Porque ningún hombre es una isla y nuestros pecados generalmente tienen una dimensión social y cultural; en otras palabras, son la compleja interacción de lo que fluye de nuestros malvados corazones y lo que encontramos y bebemos del mundo que nos rodea. Este entorno, una vez más, difiere de maneras clave del antiguo Israel o de la Palestina del siglo primero, y si el pastor quiere aplicar correctamente la Palabra a las vidas de su rebaño, tendrá que depender de un juicio bien informado de su contexto y un sentido de prudencia bien desarrollado. Si la "libertad cristiana" o la división de los "dos reinos" impide al pastor hablar de temas que van más allá de las palabras de las Escrituras, entonces claramente le restringirá de una gran parte de lo que realmente significa pastorear.

Tal vez la solución a este dilema es reconocer que el pastor mismo tiene un pie en ambos reinos, y no solo en el sentido de que tiene que pagar sus impuestos y es un oficial del Rotary Club de la cuidad (aunque estos son puntos suficientemente significativos). Incluso como pastor, tiene un pie en ambos: habla en nombre de Dios, pero también habla como Joe Smith, un chico blanco de la Indiana rural que pasó unos años en la Marina y luego como vendedor antes de ir al seminario; asimismo, habla a cada uno de sus feligreses como a hijos santificados de Dios que se forman a imagen de Cristo, pero también les habla como a madres, como a maridos, como a nueras, como a trabajadores, como a votantes, como a cinéfilos, etc.

En cada situación, el pastor recorre por la intersección de la dimensión vertical: la vida en Dios; y la dimensión horizontal: la vida en el mundo. Si trata de preocuparse solo de esto último, se convierte en un evangelista social sin nada que ofrecer, salvo recomendaciones cegadas sobre cómo hacer del mundo un lugar mejor. Si intenta preocuparse solo por lo primero, se arriesga a dejar a su rebaño con poca orientación concreta en las pruebas de la vida. Claramente, debe hacer ambas cosas, pues intentar trazar alguna línea artificial entre las áreas "espirituales" y "civiles" de la vida no ayudará mucho al problema. Pero debe recordar que aunque estas dos nunca están separadas, aunque siempre son distintas.

El ministro puede y debe hacer una aplicación prudente de las Escrituras a los desafíos del mundo real de su rebaño, pero debe asegurarse de que tanto él como ellos sepan que probablemente hay una buena parte de los prejuicios y del contexto de Joe Smith que influyen en ese juicio, y ellos mismos deben, como los de Berea, escudriñar las Escrituras para ver si estas cosas son verdaderas (Hch. 17:11). En las iglesias que se han convertido en cámaras de eco (como muchas de las nuestras), pocos de sus feligreses se atreven a pensar en cuestionar la argumentación de las opiniones del pastor sobre las Escrituras. Pero este error es destructivo. Además, los pastores deben cultivar la práctica de la lectura lo suficientemente amplia, en la historia en particular, para reconocer dónde sus opiniones son solo eso, opiniones.

Pero ¿qué pasa cuando el ministro está proclamando fielmente la Palabra y algunos del rebaño no están escuchando? De hecho, ¿qué pasa si algunas de las ovejas no parecen ser miembros del rebaño, sino cabras o incluso lobos que se han ocultado bajo un velo de hipocresía (Mt. 25:31-45; Mt. 7:15; Hch. 20:29-20)? Aquí es donde entra en juego la responsabilidad del pastor en la disciplina de la iglesia, ese espinoso asunto que había enmarañado la distinción entre los dos reinos ya en el siglo XVI y que continuaría haciéndolo a lo largo de la historia del protestantismo.

No es difícil ver porqué es tan fácil equivocarse en este tema y por qué ha resultado ser tan desafiante. En la disciplina eclesiástica, un ministro (y, según la tradición, sus ancianos) intentan hacer una declaración definitiva sobre el oculto estado espiritual de un miembro de la iglesia; tratan de hacer un juicio sobre el reino espiritual, el ámbito en el que el juicio permanece oculto hasta el escatón. Claramente, deben buscar hacer este juicio en base a lo que el miembro ha hecho en el reino exterior y civil; por ejemplo, cómo ha tratado a su esposa, hijos o trabajadores.

Pero ¿cuál es el efecto de la sentencia que pronuncian? Sin duda la Biblia tiene algunas declaraciones bastante notables sobre la autoridad de las llaves (Mt. 16:19; 18:18-20; Jn. 20:23), y aunque no tenemos que asumir que esta autoridad apostólica se transmite necesariamente a todos los clérigos, la mayoría de los cristianos han llegado a esta conclusión. Tomados al pie de la letra, pasajes como Mateo 18:18 podrían parecer implicar que cuando el ministro excluye a alguien del cuerpo visible de los santos por excomunión, lo separa del cuerpo místico de Cristo y de la salvación.

El catolicismo romano ciertamente entendió el poder de las llaves de esta manera, pero los protestantes siempre enfatizaron que las llaves no eran más que la proclamación del evangelio. Al proclamar la gracia de Dios a los pecadores indignos, el ministro los liberaba de su esclavitud, y al proclamar la maldición de Dios sobre los impenitentes, el ministro los retenía en su esclavitud.[3] Desde luego, en última

---

[3] Véase, por ejemplo, la Segunda Confesión Helvética, cap. XIV: "Juzgando simplemente según la Palabra del Señor, decimos que todos

instancia es la obra oculta del Espíritu y la respuesta de fe lo que es determinante, y no las meras palabras del ministro. Por lo tanto, aunque Dios le ha encomendado la tarea de pronunciar un juicio de condenación sobre los pecadores no arrepentidos, la autoridad del ministro permanece solo cuando está de acuerdo con la verdad; si se equivoca, su sentencia de condenación o excomunión no tiene ningún efecto en el reino espiritual.

Aún así, la disciplina de la iglesia, como un acto externo de remover a alguien de la asamblea visible por completo o al menos de la participación plena en ella, tiene cierto efecto pese a la exactitud del juicio con respecto al estado interno de alguien, y, de hecho, a menudo la disciplina es principalmente por el bien de este efecto externo. Al retirar a un miembro indisciplinado de la asamblea de los santos, los dirigentes de la iglesia protegen al resto del rebaño contra cualquier daño, y al privar al pecador de los beneficios reales de la pertenencia a la asamblea visible, pueden ayudar a llevarle al arrepentimiento.

Visto desde este punto de vista, la disciplina de la iglesia es un procedimiento del reino civil que se basa en cierto tipo de autoridad temporal (como la que una asociación cívica podría tener para hacer cumplir los votos de membresía). Ambas dimensiones de la disciplina eclesiástica son reales e importantes, pero es crucial tener en cuenta la distinción entre

---

los ministros propiamente dichos poseen y ejercen las llaves o el uso de ellas cuando proclaman el evangelio; es decir, cuando enseñan, exhortan, consuelan, reprenden y mantienen en disciplina al pueblo bajo su cuidado". El texto se puede acceder en la Biblioteca Etérea de los Clásicos Cristianos, https://www.ccel.org/creeds/helvetic.htm .

las dos y las limitaciones de cada una, no sea que caigamos en una concepción subprotestante, en la que vigilar los límites visibles de la iglesia se ve como vigilar la entrada a la puerta del cielo.[4]

Los Dos Reinos y el ecumenismo

Esta tentación de confundir los límites visibles de la iglesia con su realidad oculta se manifiesta a menudo de una forma más sutil: un ecumenismo excesivo. Esto no quiere decir que no debamos ser celosos por el ecumenismo verdadero o unidad de la Iglesia, En Juan 17, Jesús ora:

> Mas no ruego solamente por éstos, sino también por los que han de creer en mí por la palabra de ellos, para que todos sean uno; como tú, oh Padre, en mí, y yo en ti, que también ellos sean uno en nosotros; para que el mundo crea que tú me enviaste. La gloria que me diste, yo les he dado, para que sean uno, así como nosotros somos uno. Yo en ellos, y tú en mí, para que sean perfectos en unidad, para que el mundo conozca que tú me enviaste, y que los has amado a ellos como también a mí me has amado (Jn. 17: 20-23).[5]

---

[4] El importante y reciente libro de Jonathan Leeman, *Political Church: The Local Assembly as Embassy of Christ's Rule* (Downer's Grove, IL: IVP Academic, 2016), es un ejemplo de un tratamiento de este tema que no siempre evita esta ambigüedad. Véase la fructífera interacción entre Leeman y Joseph Minich en *Mere Orthdooxy*: https://mereorthodoxy.com/minich-   leeman-joint-statement-ecclesiology/.

[5] Todas las citas de las Escrituras son RVR-1960 a menos que se indique lo contrario. El autor distingue las varias connotaciones de ecumenismo, la cual en algunos casos se refiere a la unidad de la fe, o la unidad visible del protestantismo.

Este famoso pasaje nos dice al menos dos cosas sobre el deseo de Dios para la iglesia. Primero, la unidad de la iglesia es el resultado de nuestra unión con Cristo, que es una participación en la unidad de Dios mismo. En segundo lugar, la unidad de la iglesia debe ser exhibida públicamente para que el mundo la vea; es una forma de dar testimonio sobre quién es Cristo. La unidad, por consiguiente, es tanto oculta como manifiesta; es tanto una realidad dada como una meta por la que hay que esforzarse.[6]

La unidad de la iglesia, en otras palabras, existe dentro de la dualidad de los dos reinos, y cualquier ecumenismo exitoso debe tener en cuenta estos dos polos. Si enfatizamos demasiado el hecho de la unidad, aunque no visible, que la iglesia en el reino espiritual ya posee en Cristo, sentiremos poca necesidad para hacerla visible en el mundo, y los miembros divididos de la iglesia y el mundo que la observa sufrirán como consecuencia. Por el contrario, si hacemos demasiado hincapié en la manifestación visible y pensamos que es nuestra tarea hacer que la iglesia sea una, haremos un ídolo de nuestras actividades ecuménicas, y nos quemaremos en la lucha infructuosa de tratar de lograr lo que Cristo ya ha logrado y que un día él mismo llevará a la consumación.

Como dice James Jordan en *La sociología de la iglesia* (*The Sociology of the Church*):

Es un hecho que la iglesia de Jesucristo está unificada. Jesús oró al Padre en Juan 17 para que fuéramos uno, y el Padre no niega las peticiones del Hijo. Por lo tanto, somos uno. Comemos de un solo

---

[6] Véase también Ef. 4:1-16 para una dinámica similar en la discusión de la unidad de la iglesia.

Cristo. Escuchamos una sola Palabra. Hay un Señor, una fe, un bautismo, etc. Cualquiera que niegue esto es un insensato, que no se ajusta a la realidad. Así pues, no podemos unir la iglesia (pues la unidad de la iglesia no es un problema), así como tampoco podemos hacer de Estados Unidos una teocracia. Lo que necesitamos es que la gente deje de pretender que la iglesia no está unida, porque tal pretensión es una negación de la verdad. Cuando los hombres reconozcan la verdad y dejen de ser engañados por apariencias vanas, entonces el juicio sobre la iglesia se convertirá en bendición... No podemos hacer que la iglesia se una por medio negociaciones. Más bien, debemos simplemente confesar que la iglesia es en verdad una y vivir de acuerdo a ello.[7]

Así como es un error pensar que los que son más ruidosos al lamentarse de sus pecados son los más santos y los más afines a la voluntad de Cristo, también debemos tener cuidado con los que siempre nos exhortan a gemir por el estado miserable y dividido de la iglesia.

En el primer caso, el pecador que está lleno de verdadera fe debe fijar sus ojos no en su pecado, sino en la gracia de Cristo; así mismo debemos tener más en cuenta las promesas de Cristo que la profundidad de nuestras divisiones. En efecto, ese exceso de pesimismo, puesto que centra la atención en nosotros y no en Cristo, suele ir acompañado de un exceso de optimismo, que comienza con sombrías declaraciones de cómo hemos contristado al Espíritu, y termina con visiones de color de rosa sobre la unidad que nos espera en las décadas y siglos

---

[7] James B. Jordan, *The Sociology of the Church: Essays in Reconstruction*, reimpresión (Eugene, OR: Wipf and Stock, 1999), 131. Gracias a Steven Wedgeworth por informarme de esta cita.

venideros.[8] Entonces, ¿cuál es la unidad que buscamos hacer visible? ¿Qué es lo que estamos buscando? Consideremos a algunos candidatos.

La unidad institucional es ciertamente uno de los candidatos, y entre los protestantes que condenan la persistencia de las denominaciones como manchas de división en el cuerpo de Cristo, esto parece ser particularmente deseado. Desde luego, este es el tipo de unidad del que la Iglesia Católica Romana se enorgullece: una única estructura de autoridad jurídica mundial; pese a cuánta variación en la fe y la práctica pueda ocultarse bajo esta imponente apariencia externa. Desde este punto de vista, vale la pena preguntarse si la unidad de la Iglesia Católica Romana es realmente muy diferente, o mucho más profunda, que la unidad de los Estados Unidos que, como sabemos, se encuentra polarizada y es bastante pluralista.

Antes del Vaticano II, los católicos podían afirmar un segundo tipo de unidad también, una unidad litúrgica que consiste en prácticas, símbolos y rituales comunes, con la eucaristía como el sacramento principal de unidad. Este ideal de unidad aún prevalece en las iglesias ortodoxas, entre las cuales es un punto particular de orgullo, mientras que la práctica litúrgica católica se ha fragmentado enormemente en las últimas décadas. Muchos protestantes en las últimas décadas, convencidos de sus propias tendencias antilitúrgicas, no solo han adoptado de nuevo formas litúrgicas, sino también

---

[8] Por momentos uno puede ver un ejemplo de este exceso de optimismo y pesimismo en el reciente libro de Peter Leithart, que por lo demás es muy valioso, *The end of Protestantism: Pursuing Unity in a Fragmented Church* (Grand Rapids: Brazos, 2016).

a veces el ideal de la unidad litúrgica como una forma de unir el cuerpo de Cristo.

Un tercer tipo de unidad podría ser la unidad de la fe, no en el sentido del acto de fe, que es en realidad lo único que nos une a todos al cuerpo de Cristo, sino en el sentido del contenido detallado de la fe, es decir, de un credo o patrón de creencias en común. Para muchos protestantes, este es el único tipo de unidad que importa; de hecho, hasta el siglo XX, los cristianos de casi todos los bandos lo habrían considerado esencial. Pero las opiniones siempre han diferido en cuanto a cuán lejos debe extenderse dicha unidad. ¿Debe la verdadera iglesia estar unificada dentro de la Confesión de Westminster? ¿La Confesión de Augsburgo? ¿El Credo de Nicea?

Finalmente, hay una unidad de espíritu. ¿Los cristianos se consideran a sí mismos como uno? ¿Actúan unos con otros como si fueran uno? ¿Nos tratamos los unos a los otros con el amor de Cristo, y nos vemos como compartiendo una causa y destino comunes? ¿Trabajamos juntos en una misión y testimonio comunes cuando es posible o nos distanciamos unos de otros?

El movimiento ecuménico, ya sea en su forma convencional o en sus formas entre evangélicos, ha oscilado a menudo entre estos cuatro objetivos, sin saber a cuál dar prioridad. Si bien cada uno puede reforzar los otros, también puede haber mucha discordia. Por ejemplo, el cuarto, la unidad de espíritu, suele prevalecer más entre las instituciones que dentro de ellas, dado los frecuentes rencores en la política confesional. Y, sin embargo, ¿es suficiente esa unidad del espíritu? ¿No debería adquirir alguna forma concreta de unidad? Desde el punto de vista protestante de los dos reinos, debemos volver a recordar que no es tarea de la iglesia tratar de ser una, sino simplemente dar testimonio de su unión.

La iglesia verdadera es una en Cristo, quien es la piedra angular sobre la que se construye todo el edificio; la vid de donde todas las ramas reciben vida; el novio que se ha unido a cada uno de nosotros (Ef. 2:20-22; Jn. 15:1-7; Ef. 5:25-32). Nada de lo que hagamos puede destruir esta unidad, pero sí podemos dejar de manifestarla como se nos ha ordenado. "Los signos deben parecerse a las cosas que representan", como dijo Richard Hooker sobre el culto de la iglesia, y lo mismo debe decirse de la iglesia visible en su conjunto, que sirve como un signo del cuerpo de Cristo en el mundo. En la búsqueda de la unidad de la iglesia, nos proponemos hacer que la iglesia sea, en la medida de lo posible y dentro de las limitaciones de su forma temporal, como una imagen de la ciudad escatológica.

Dicho de otra manera, el protestante debería reconocer que la tarea del ecumenismo es siempre una cuestión de santificación de la iglesia, no de su justificación. Nuestras divisiones, por grandes que sean, nunca amenazan la esencia de la iglesia (universal) o nuestra posición en Cristo; pero ciertamente amenazan nuestro bienestar. El gobierno espiritual de Cristo permanece intacto, aunque su manifestación terrenal esté fragmentada. Desde luego, esto no es excusa para descuidarse, así como tampoco la justificación por la fe debe implicar el antinomianismo. Por el contrario, es un llamado urgente para que la iglesia muestre la unidad que tiene en Cristo, tanto para nuestra propia salud espiritual, mientras aprendemos a aprender unos de otros y a amarnos, como para la integridad de nuestra misión en un mundo expectante. Con esto en mente, revisemos nuestras cuatro formas de unidad.

Cada una de ellas, cabe señalar, pertenece a la forma externa de la iglesia; incluso las dos últimas, ya que nos preocupa la unidad en la fe confesional y pública, y la unidad de espíritu manifestada en el amor.

Desde el punto de vista protestante de los dos reinos, la búsqueda de unidad institucional de la iglesia es cuestionable como objetivo de nuestros esfuerzos ecuménicos. Después de todo, tal unidad no es en ningún sentido una característica de la iglesia como el cuerpo oculto de Cristo o incluso de la nueva Jerusalén escatológica, donde no habrá jerarquías, leyes o estructuras disciplinarias. La forma institucional de la iglesia es parte de su vestimenta externa y temporal, y la autoridad jurídica necesaria para vigilar los límites de cualquier institución está firmemente asentada en el reino temporal de la ley.

En este reino, variaciones locales y administraciones regionales son la norma, y no deberíamos aceptar de ninguna manera un gobierno eclesiástico ecuménico mundial, así como no lo haríamos con un gobierno civil mundial.

Sin embargo, cuando muchas instituciones disputan por una posición en el mismo espacio geográfico, como tipifica nuestra condición moderna, puede plantear un problema, y, en la medida en que la desunión institucional está socavando las otras formas de unidad, puede ser algo que debemos tratar de solucionar. Por ejemplo, si dos denominaciones evangélicas que siguen la misma confesión de fe pelean celosamente y compiten por los miembros, entonces tal vez deberían hacer campaña a favor de una fusión entre ellas. Por otro lado, si una denominación luterana y una reformada trabajan alegremente juntas y reconocen sus diferencias, no está claro por qué deberíamos preocuparnos por la separación institucional como tal. Todo depende de lo bien que la unidad de fe y la unidad de espíritu gobiernan estas relaciones.

La unidad litúrgica parecería caer bajo el mismo título, aunque aquí el imperativo de que "los signos se asemejen a las cosas que se representan" sugiere cierto imperativo hacia la unidad. A fin de cuentas, nuestra imagen de la nueva Jerusalén en Apocalipsis es una escena de adoración (Ap. 4; 21:1-22:5), y nuestras liturgias de hoy deberían servir como tenues reflejos —adaptados a nuestra condición actual— de la adoración escatológica que un día disfrutaremos juntos. En este sentido, creo que podemos decir que hay algunas prácticas de culto que exceden los límites, y debemos unirnos para excluirlas (1 Cor. 14:26-40).

Por otro lado, obviamente hay ciertos rasgos esenciales de la adoración y la práctica cristianas que como mínimo estamos obligados a mantener en obediencia a nuestro Señor: los dos sacramentos, la oración, los cantos de alabanza, y la lectura y la predicación de la Palabra. Pero las Escrituras no proporcionan nada semejante a una guía detallada para todo ello, por lo que las formas que toman son en gran medida guiadas por la prudencia, y han variado enormemente a través del tiempo y el espacio. Ciertamente, cultivar una práctica común en muchos puntos controvertidos podría fortalecer la vida colectiva de la iglesia y su misión (p. ej., los dones carismáticos y la frecuencia de la eucaristía), pero no debemos confundir y pensar que estas formas son la base o los signos primarios de la unidad de la iglesia.

La unidad de la fe tiene un alcance mucho mayor. Si el ecumenismo concierne a la santificación de la iglesia y si somos justificados por la fe, entonces parece que la fe de la iglesia debe ser fundamental, precediendo a la tarea ecuménica como una condición *sine qua non*. Y aún así, la "fe única" que fundamenta la unidad de la iglesia no debe ser hecha más compleja que la fe que justifica, la cual todos sabemos que puede carecer de elocuencia doctrinal y aún así ser agradable al Señor. Al ir más allá de esta confesión básica de la fe cristiana y al elaborar áreas más extensas de doctrina en común, ciertamente ayudamos a la santificación de la iglesia, pero no debemos confundir esto con la definición de su esencia. Con la santificación de la iglesia en mente, en lugar de su definición, podemos abordar las cuestiones de la unidad confesional de manera más pragmática.

Una iglesia requerirá más unidad de fe en sus maestros de escuela dominical que en sus miembros, y en mayor medida en sus ancianos y diáconos que en sus maestros de escuela dominical. Dos denominaciones que intentan decidir si se unen o no a una campaña de lucha contra el tráfico sexual no deberían necesitar ponerse de acuerdo más allá de lo básico. Si se unen a una obra misionera evangelística, probablemente querrán establecer una unidad de fe algo más completa, y si están creando un currículum de escuela dominical, aún más. En resumen, la unidad de fe que debemos buscar depende de la cuestión particular que nos ocupa.

Desde luego que esto no niega que nuestro objetivo general debe ser que todos los cristianos sean de una sola mente en todos los asuntos relacionados con la verdad. Esto, sin embargo, no es el tipo de cosa que puede ser apresurada o diseñada, ni es una meta que debamos esperar lograr en este lado del escatón. Mientras tanto, debemos trabajar para distinguir con cuidado entre lo esencial y lo que no lo es, y así anclarnos en lo esencial y trabajar pacientemente en los asuntos secundarios y terciarios, manteniendo la unidad de manera caritativa incluso cuando hay opiniones divididas.

Esto lleva, sin duda alguna, al último y más importante tipo de unidad, la unidad de espíritu. En efecto, es sorprendente que cuando las Escrituras nos llaman a ser de un solo espíritu, parecen preocuparse más por el amor mutuo que por la uniformidad doctrinal:

> Completad mi gozo, sintiendo lo mismo, teniendo el mismo amor, unánimes, sintiendo una misma cosa. Nada hagáis por contienda o por vanagloria; antes bien con humildad, estimando cada uno a los demás como superiores a él mismo; no mirando cada uno por lo suyo propio, sino cada cual también por lo de los otros. Haya, pues, en vosotros este sentir que hubo también en Cristo Jesús (Fil. 2:2-5).

Tal vez ninguno de los cuatro tipos de unidad resalte tanto la distancia entre la justificación y la santificación de la iglesia como este cuarto: el amor que une a los creyentes. No hay nada más importante para nosotros que cultivar y, sin embargo, nada se nos escapa tan a menudo o tan a fondo. Al lamentar la mezquindad y el odio que nos divide, nunca debemos ser llevados al punto de la desesperación, ya que Cristo promete mantenernos unidos a pesar de nuestros intentos de separarnos.

Tampoco debemos caer en la idea postmoderna de tolerancia y pensar que la caridad excluye el juicio y el discernimiento. Los cristianos están llamados a mantenerse firmes contra el pecado y el error, haciéndolo con toda caridad y tolerancia, pero sin vacilar. Aquellos que nos llaman a mantener una unidad visible con aquellos que, de palabra y de obra, desdeñan la cruz de Cristo están haciendo un ídolo de la unidad visible, una clásica confusión de los dos reinos. Por otra parte, debemos recordar que, puesto que la unidad cristiana puede manifestarse tanto en la esfera civil y cultural como en la iglesia institucional, las cuales pertenecen al reino temporal, no debemos descartar a tales manifestaciones de unidad como irrelevantes o insignificantes.

Cuando los presbiterianos, bautistas y metodistas se unen en protestas en contra de clínicas abortivas o en la gestión de comedores de beneficencia, y lo hacen conscientemente como hermanos y hermanas en Cristo, no debemos pensar que esta unidad de alguna manera "no cuenta" solo porque siguen siendo denominaciones distintas.

El ecumenismo protestante a la luz de los dos reinos, entonces, valora todas las señales externas de la unidad de la iglesia en su lugar apropiado, pero insiste en no hacer ídolos de ninguna de ellas.

CAPÍTULO 6:
LOS DOS REINOS EN EL ESTADO

CUANDO surge el tema de los "dos reinos", lo primero que la mayoría de la gente piensa es en política: Dios vs. César, la iglesia vs. el estado, o los desafíos de la ciudadanía cristiana. Esto se debe en parte a la connotación política del término "reinos", en parte al hecho de que los propios reformadores a menudo utilizaban el lenguaje del "reino civil" o "reino político" en contraste con el "reino espiritual", ya que en su época, a diferencia de la nuestra, prácticamente cualquier área de la vida más allá del reino interior de la conciencia estaba potencialmente sujeta a la autoridad del magisterio civil. Sin embargo, para nosotros, con una concepción más circunscrita de las responsabilidades del Estado, este lenguaje puede ser engañoso, por lo que, hasta el momento, he tratado de enfatizar todo el alcance de lo que podríamos llamar simplemente "reino temporal", y he esperado hasta ahora para abordar el tema de la política.

Sin embargo, la cuestión política es claramente central en la doctrina de los dos reinos, casi tanto hoy como en la época de la Reforma. Aquí la doctrina trata de mantener unida la tensión escatológica entre la insistencia de Cristo de que "mi reino no es de este mundo" (Jn. 18:36) con la declaración triunfal de Apocalipsis de que "los reinos del mundo han venido a ser de nuestro Señor y de su Cristo" (Ap. 11:15). Por una parte, es evidente que hay algo en el reino de Cristo que es radicalmente interno y que está oculto, y que es resultado del poder transformador del Espíritu en lugar del poder coercitivo de la espada, o de las cadenas visibles de causa y efecto terrenales. Por otra parte, tenemos su promesa de que su reino no permanecerá oculto, sino que en el último día será totalmente público, reconocido por los gobernantes y los principados.

Pero ¿qué pasa mientras tanto? ¿Todo el orden político y social está fuera del mensaje cristiano, como argumentan algunos? Y si es así, ¿acaso es porque el mensaje cristiano es radicalmente interno, una proclamación de la gracia que afirma el antinomianismo y que nunca se encarna, como argumentan los libertinos? ¿O es porque el mensaje cristiano es una nueva ley y un nuevo orden social en sí mismo (la iglesia como una comunidad alterna), como argumentaron los anabaptistas antiguos y como los nuevos lo hacen ahora? ¿O es que el orden político y social está incorporado en la proclamación de la iglesia de tal manera que el evangelio no se ha predicado correctamente a menos que se haya materializado en un conjunto renovado de leyes e instituciones que podamos señalar y decir "aquí está el reino en medio de nosotros, el reino de Cristo en la tierra ha comenzado"? Los teócratas de todas las épocas han enseñado tal doctrina, la cual persiste en una forma más sutil entre los evangelizadores sociales liberales y los guerreros conservadores de la cosmovisión kuyperiana. El pensamiento clásico de los dos reinos evita todas estas alternativas.

Al esbozar un enfoque de los dos reinos en la política, me gustaría ofrecer y defender brevemente cinco tesis:

1) Cristo reina a través de gobernantes e instituciones terrenales para preservar su buen mundo.
2) El reino temporal de Cristo es indirecto y mediado de una manera que su reino espiritual no lo es.
3) El reino temporal de Cristo sirve para guardar el buen orden de la creación.
4) El reino temporal de Cristo no puede separarse completamente de su obra redentora.
5) En el ámbito político, estamos llamados a testificar en el reino temporal de Cristo de una manera distintivamente cristiana (pero siempre provisional).

Tomemos cada una de estas por separado.

Cristo reina a través de gobernantes

1. Cristo reina a través de gobernantes e instituciones terrenales para preservar su buen mundo.

El pensamiento clásico de los dos reinos insiste en que, aunque se afirme la centralidad de la obra salvadora de Cristo en la iglesia y en los corazones de los fieles, no debemos abandonar el resto del mundo ante el diablo, o ante alguna tierra de nadie espiritual. Jesús es el Señor del César, y obedecer al César puede ser una forma de obedecer a Cristo. El pensamiento clásico de los dos reinos es, por lo tanto, una reprimenda a las diversas formas de neoanabaptismo de hoy que insta a los cristianos a alejarse de la política y centrarse solo en "ser la iglesia". De hecho, vale la pena notar que algunos cristianos contemporáneos en Estados Unidos, extenuados en la política de la derecha religiosa o frustrados por la hipocresía del partido Republicano, han ido mucho más allá del anabaptismo histórico en su rechazo a la autoridad civil. La Confesión Anabaptista de Schleitheim de 1527 declara lo siguiente:

> La espada es ordenada por Dios fuera de la perfección de Cristo. Castiga y mata a los malvados, y protege a los buenos. En la Ley, la espada fue ordenada para el castigo de los malvados y para su muerte, y la misma [espada] está [ahora] ordenada para ser usada por los magisterios mundanos. En la perfección de Cristo, sin embargo, solo hay prohibiciones que se utilizan como advertencias y para la excomunión del que ha pecado, sin dar muerte a la carne; solo la advertencia y el mandato a no pecar más.[1]

Los cristianos, siguiendo la "perfección de Cristo", no solo deben practicar un tipo distinto de disciplina no carnal en sus propias comunidades, sino que deben negarse a servir como magistrados. Aún así, la confesión afirma que el magisterio y

---

[1] Michael Sattler, *The Brotherly Agreement of a Number of Children of God Concerning Seven Articles*, trad. J. C. Wenger, http://www.anabaptists.org/history/the-schleitheim-confession.html

su coacción han sido "ordenados por Dios" para un propósito bueno y necesario.

Se puede argumentar que es extraño e incoherente mantener que existe un buen cargo dado por Dios que solo deberían ocupar los que odian a Dios, pero tal posición por lo menos reconoce el papel crucial de la autoridad civil para preservar el orden de la creación y proporcionar un contexto en el que la iglesia pueda florecer. Muchos cristianos de hoy no están tan seguros, ya que las formas contemporáneas de pacifismo a menudo argumentan categóricamente contra el uso de la coacción física, insistiendo en que los magisterios civiles también están obligados a gobernar de una manera que no implique el uso de la espada, y pidiendo un "anarquismo eucarístico".[2]

No está claro lo que esto podría significar en la práctica, parecería reducir al Estado a nada más que una oficina de información pública, emitiendo advertencias sobre lo que parece ser el mejor curso de acción para la sociedad y qué conductas deben ser evitadas en general. Sin embargo, la mayoría de los que se dedican a esta retórica no se han

---

[2] El término es usado por William T. Cavanaugh en su ensayo "The City: Beyond Secular Parodies", en *Radical Orthodoxy*, ed. John Milbank, Catherine Pickstock y Graham Ward (Abingdon: Routledge, 1999), 194-98; aunque desde entonces ha declarado que lamenta utilizar el término (conversación personal, 2010). Ciertamente, dichos neoanabaptistas han sido todo menos claros en cuanto hasta dónde quieren que llegue su pacifismo (Stanley Hauer fue un ejemplo destacado de un moralista que a veces parece tratar el pacifismo como una ética distintiva de la iglesia y otras veces como una ética para el mundo). Véase Andrew Fulford, *Jesus and Pacifism* (Moscú, ID: The Davenant Press, 2016), 15-18, para un útil intento de desentrañar las diferentes razones pacifistas.

preocupado mucho por concretar sus propuestas, ya que su propósito ha sido restar importancia al Estado como lugar de gobierno y acción de Dios, y hacer hincapié en la comunidad eclesiástica como único agente para la renovación del mundo.

Como ya hemos visto, es correcto, bajo categorías apropiadas, hablar de la comunidad eclesiástica como un agente para la renovación del mundo, pero ¿qué mundo? Si no hay estructuras e instituciones legítimas para preservar el orden social de este mundo, entonces no hay nada que renovar; solo está la iglesia.

Sin embargo, dejando de lado las formas más extremas del neoanabaptismo, ¿cómo desafía la teología clásica de los dos reinos al anabaptismo clásico y, para lo que nos concierne, a la teología de los dos reinos moderna? De hecho, yo diría que algunas formas modernas de la teología reformada de los dos reinos comparten suposiciones clave con la Confesión de Schleitheim. La clave de esta confesión es la distinción entre la "ordenanza de Dios" y la "perfección de Cristo". Afirma que hay dos caminos paralelos en este orden social y moral terrenales: uno que corresponde al orden de la creación y otro que corresponde a la nueva creación; uno que está fuera de la obra redentora de Cristo y otro que está dentro de ella.[3]

---

[3] Véase, por ejemplo, David VanDrunen, "Calvin, Kuyper, and Christian Culture", en *Always Reformed: Essays in Honor* of W. Robert Godfrey, ed. R. Scott Clark y Joel E. Kim (Escondido, CA: Westminster Seminary California, 2010), 148-49; Darryl G. Hart, "With Friends Like These", Oldlife.org, 20 de julio de 2015, https://oldlife.org/2015/07/20/with-friends-like-these/. VanDrunen es considerablemente más matizado en su reciente *Divine Covenants and Moral Order: A Biblical Theology of Natural Law* (Grand Rapids: Eerdmans, 2015), pero todavía tengo algunas reservas sobre la forma en que formula su "ética escatológica" en el capítulo 9.

Esta forma de pensar, en mi opinión, no solo crea algunos problemas éticos, sino que introduce serios problemas en áreas fundamentales de la teología: o bien pone en riesgo la unidad de la Trinidad, al contraponer inapropiadamente la actividad de Dios Padre contra la actividad de Dios Hijo, o bien pone en riesgo la unidad de la persona de Cristo, al contraponer inapropiadamente la naturaleza divina de Cristo, como el logos eterno, contra su forma encarnada, como Cristo Redentor.

Es sorprendente que ciertos pensadores reformados de la rama puritana de los dos reinos hicieran precisamente esto, insistiendo en que Cristo gobierna el mundo como el Dios eterno, pero gobierna la iglesia como hombre encarnado. Tanto es así que, como dice David VanDrunen, no podemos hablar de Cristo como "Cristo" en su capacidad de gobernar el mundo, ya que este es un título redentor.[4] Contra esto, sin embargo, Richard Hooker, siguiendo 1 Corintios 15:24-28, dice: "Las obras del dominio supremo que han sido desde el primer principio forjadas por el poder del Hijo de Dios son ahora, en un sentido más pleno, las obras del Hijo del Hombre. La palabra hecha carne se sienta para siempre [en su trono] y reina como Señor soberano sobre todo".[5]

Esto puede parecer un debate teológico abstracto, pero tiene ramificaciones concretas en cuanto a cómo entendemos la política y la ciudadanía cristiana, como veremos cuando lleguemos al cuarto punto.

---

[4] *Natural Law and the Two Kingdoms*, 180-81, 313-14.
[5] Hooker, *Lawes*, VII 4.6, http://oll.libertyfund.org/titles/hooker-the- works-of-richard-hooker-vol-3 .

El reino temporal de Cristo es mediado

2. El reino temporal de Cristo es indirecto y mediado de una manera que su reino espiritual no lo es.

Así como es importante insistir en que la autoridad política tiene la autoridad de Dios en Cristo, así es importante insistir en que la tiene de una manera bastante indirecta y con muchas limitaciones. La distinción más básica aquí es decir que aunque el cargo de autoridad política es ratificado por Dios, aunque esto no significa que cualquier ejercicio particular de ese cargo necesariamente lo sea.

Los seres humanos particulares que ocupan un cargo político siguen tomando sus decisiones particulares como seres humanos, con toda la falibilidad que corresponde a los simples mortales, y estamos sujetos a sus órdenes solo en la medida en que esas órdenes se aproximan a los fines de la autoridad política dados por Dios. Esto no significa que sus órdenes solo sean igual de válidas como las de cualquier viejo Tom, Dick o Harry que diga: "Lo más justo para todos sería sin duda X". No hay lugar para entrar aquí en una teoría completa de la autoridad política, pero parte de lo que significa que la autoridad civil esté divinamente autorizada es que la autoridad discrecional del legislador debe anular toda otra autoridad puramente discrecional. Cuando el legislador dice: "Sería una buena idea que todos hicieran esto", la obediencia se convierte en algo más que solo una buena idea (a menos que se haya decretado una injusticia directa).

Desde luego, es probable que hoy en día en el Occidente no necesitamos que nos digan que las autoridades políticas están caídas y son falibles, y que no hablan con la voz de Cristo mismo. Pero esto no significa que seamos inmunes a formas más sutiles de confusión sobre los dos reinos. Los cristianos a menudo son tentados a exaltar como mandatos bíblicos a sus propios juicios acerca del mejor tipo de legislación y a exaltar a los líderes que promulgan estos juicios como la única opción válida para los votantes cristianos.

A veces, instituciones o naciones enteras han sido capaces de captar la imaginación de los cristianos que anhelan ver el reino de Dios, y nos han engañado haciéndonos pensar que estos gobiernos gozaban de una especial bendición y vocación divinas, y que eran los únicos agentes de la voluntad divina; un engaño que suele terminar en tragedia y que perjudica profundamente el testimonio cristiano. Para los cristianos de Estados Unidos, con nuestro sentido de la misión divina desde el principio y nuestra tendencia al milenarismo, ello ha sido una tentación recurrente.

Incluso cuando las autoridades políticas o las instituciones terrenales hacen la voluntad de Dios, siguen siendo frágiles y falibles; no son algo que podamos tomar y decir: "Aquí está el reino".

El reino temporal tiene el propósito de guardar el orden de natural de la creación

3. El reino temporal de Cristo sirve para guardar el buen orden de la creación.

Aunque hemos señalado anteriormente que el reino de Cristo sobre la creación no debe separarse de su papel como redentor (y diremos más sobre esto en un momento), aún es cierto que el principal objetivo del reino temporal de Cristo es sostener, proteger y alimentar el buen orden de la creación, y esto es particularmente la tarea de la autoridad civil. Cuando hablamos del "orden de la creación", es importante poner igual énfasis en ambas palabras. Este mundo lleva el sello de su creador y asimismo apunta hacia él, pero también tiene intrínsecamente una estructura ordenada, al igual que cada criatura dentro de él. Es este orden el que Dios mira en Génesis 1 y declara "bueno".

Aunque el mundo esté corrompido por la caída, la mayor parte de este orden permanece bastante intacto y reconocible. Los árboles siguen creciendo hacia arriba, el agua sigue fluyendo hacia abajo, las plantas siguen produciendo semillas según su especie, los animales que se arrastran siguen arrastrándose por la tierra, y los seres humanos siguen ejerciendo dominio sobre todo esto. Más relevante para los propósitos del gobierno político, la naturaleza humana también permanece intacta.

Seguimos siendo hombres y mujeres, nos casamos y tenemos hijos, cuidamos la tierra, fabricamos herramientas, y hacemos música; todavía no es bueno que estemos solos y, por ello. formamos comunidades y buscamos ordenar nuestras vidas juntos para el florecimiento mutuo. Efectivamente, es sobre todo en este punto que la caída ha afectado las condiciones en las que buscamos tal florecimiento; ahora debemos lidiar con la escasez, los celos, las rivalidades, la ambición, la terquedad, el orgullo y la malicia.

La autoridad política se hace indispensable en estas condiciones como medio ordenado por Dios para restringir y disciplinar nuestros deseos desordenados; para que se mantenga alguna apariencia del buen orden original de la humanidad; y para que, en palabras de un padre de la iglesia: "Los hombres no se coman unos a otros como peces".[6] Pero el hecho de que la autoridad política tenga que utilizar ahora la coerción no significa que el gobierno político sea amoral o ilimitado, haciendo las cosas de acuerdo con las exigencias de la *realpolitik*. No, todavía está ligado al orden moral del mundo tal como Dios lo creó, y debe reflejarlo en la medida de lo posible.

Tampoco es el caso que el gobierno exista simplemente como una especie de valla eléctrica para restringir las incursiones contra el orden de la creación, como si ese orden se cuidara a sí mismo. Algunas teologías políticas que buscan basar la autoridad civil únicamente en el pacto de Noé, con sus mandatos mínimos o en preconceptos libertarios, cometen este error.[7]

Debido a que la tarea del gobierno civil está relacionada con el mantenimiento del orden de la creación, se deduce que

---

[6] Ireneo de Lyon, "Against Heresies", libro 5, en O'Donovan y O'Donovan, *From Irenaeus to Grotius*, 17.

[7] David VanDrunen, que se ha inclinado a esta postura en algunas de sus obras, trata de matizarla en su reciente *Divine Covenants and Moral Order*, cap. 2, argumentando que el pacto noético "se centra en una ética minimalista básica en relación con los asuntos interpersonales, destinada a preservar la existencia de la sociedad humana", y reconociendo al mismo tiempo que el mantenimiento de un orden moral más amplio será necesario para mantener la sociedad (123). Sin embargo, nunca integra claramente estas concepciones "estrictas" y "libres" de orden moral y social.

por muy valiosas que sean las Escrituras para informar esta tarea, no son necesarias. La norma general del gobierno político es la revelación natural y la ley natural,[8] no las Escrituras, aunque las Escrituras, como un remedio a nuestra caída, reafirman muchos de los principios de la ley natural, y proveen ejemplos instructivos de buen y mal gobierno. Por consiguiente, los cristianos no tienen nada parecido a un monopolio sobre el buen gobierno, y la ingenuidad, el idealismo o la extravagancia cristiana a veces nos hacen terriblemente malos en la tarea de gobernar. Pero esto no significa que el gobierno político pueda ser religiosamente neutral. Después de todo, aunque hemos enfatizado la parte del "orden" de la frase "orden de la creación", la parte de la "creación" es igual de crucial.

Al fin y al cabo, el orden de este mundo solo tiene sentido como un orden otorgado por el Creador que apunta hacia Él, y los gobernantes terrenales que olvidan esto son propensos a olvidar pronto el orden también. Incluso el minimalista pacto noético comienza con un sacrificio a Dios en reconocimiento y agradecimiento a él por su sustento del mundo (Gn. 8:20-21). Aun en el autosuficiente Occidente liberal moderno, nuestras estructuras políticas no pueden prescindir por mucho tiempo de ese agradecido reconocimiento a su Señor sin antes tratar de establecerse como señores en su lugar.

---

[8] Para más información sobre la ley natural, véase nuestra próxima *Guía Davenant* por Andrew Fulford, a finales de este año.

No puede separarse de la obra redentora

4. El reino temporal de Cristo no puede separarse completamente de su obra redentora.

Pero ¿es esto todo lo que el cristianismo tiene que decir a la política, es decir, que debe salvaguardar el orden que Dios ha construido en el mundo y de alguna manera reconocer a su Creador? Muchos pensadores de los dos reinos parecen pensar así, enfatizando el contraste de la "creación" y la "redención" como la división entre los dos reinos, y advirtiendo que la redención no tiene nada que ver con el reino temporal o la tarea de la política.

Sin embargo, esto parece olvidar que "redimir" es un verbo transitivo, y las Escrituras son bastante claras en cuanto a que el objeto de esta redención no es meramente el alma de los creyentes, sino todo el orden creado (Ro. 8:19-22). Ciertamente, la aplicación de la redención comienza en las almas de los creyentes, pero se extiende hacia el exterior (aunque nunca se acerca a la plenitud hasta la consumación).

El mundo está quebrantado, pero también está siendo sanado. Los gobernantes políticos no deben tratar de anticipar el estado de la nueva creación, pero tampoco deben contentarse con un mundo completamente quebrantado; en la medida en que las Escrituras revelan algo sobre el tema y que el evangelio permite un mundo ordenado como había sido destinado a ser originalmente, la política puede guiarse por este ideal y alimentarse de una virtud cristiana.

O, para decirlo de otra manera, ya que Cristo reina sobre los reinos de este mundo como el que es su redentor, sosteniendo el orden de la creación precisamente para que su obra redentora pueda ser llevada a cabo dentro de ella, la misión de los gobernantes terrenales adquiere su forma. En realidad, los gobernantes de los reinos de este mundo, mediando la autoridad de Cristo, son igualmente responsables de sostener el orden de la creación en aras de su redención. Su tarea no es tratar de lograr esta redención, pero tampoco deben ser totalmente indiferentes a ella. Su oficio solo es coherente si tiene un propósito o fin: sostener el orden de la creación; y este fin solo es coherente si se dirige a un último final: la consumación de este orden.

Ahora bien, esto no significa que la autoridad civil no pueda funcionar en absoluto, o incluso que funcione a menudo bastante bien, sin una conciencia explícita de este fin. Así como un cuidador encargado de mantener una gran finca podría en principio hacer su trabajo bastante bien sin saber el hecho de que el propio rey se propone mudarse allí pronto y hacer de ella su residencia, así los magistrados pueden reconocer que el orden es mejor que el desorden y, como consecuencia, trabajar para mantener dicho orden sin saber su propósito.

Sin embargo, en algún momento alguien puede preguntar: "¿Cuál es el sentido de todo esto?", y si no tienen la verdadera respuesta proporcionada por el evangelio cristiano, pueden dejar que las cosas se arruinen o tratar el orden político como una afirmación de poder arbitraria y egoísta. Y así como el cuidador hará algunas cosas de manera diferente si sabe que la casa está destinada a ser la residencia del rey, las autoridades civiles harán su tarea de manera algo diferente (incluyendo el privilegio y la protección de la iglesia de manera contextualmente apropiada) si saben que son mayordomos del rey venidero.

El cristiano esta llamado a testificar en la arena política

5. En el ámbito político, estamos llamados a testificar en el reino temporal de Cristo de una manera distintivamente cristiana (pero siempre provisional).

Entonces, ¿qué significa todo esto para nosotros, para los ciudadanos cristianos ordinarios en nuestras comunidades y cabinas de votación, o para los cristianos que sirven en todos los niveles de gobierno, como policías, recaudadores de impuestos, jueces o senadores? La mayor parte de lo que he dicho hasta ahora en este capítulo pertenece a una teoría de gobierno civil cristiana, y no a un plan de práctica cristiana. Esto es inevitable en un libro como este, que pretende ser una guía pequeña y, por lo tanto, debe centrarse en los principios más que en las prescripciones prácticas. También es intencional dada una de las tesis clave de este libro: que el reino temporal se caracteriza por la prudencia y por una sabiduría llena del Espíritu que responde creativamente a los desafíos que plantea cada nueva circunstancia.

Aún así, aunque debemos permanecer en el nivel de los principios, podemos extraer de lo que ya hemos dicho cuatro principios prácticos más de la política de los dos reinos para el ciudadano individual, que corresponden, en líneas generales, a los cuatro puntos anteriores. Primero, no podemos ser quietistas. El amor al prójimo en nuestro contexto exige que los cristianos estén dispuestos a tomar acción públicamente, ya sea como líderes o como ciudadanos comprometidos que piden cuentas a nuestros líderes, desafiándolos a amar la justicia y a servir al pueblo.

Segundo, cuando tomamos acción, debemos hacerlo como cristianos, como hijos redimidos de Dios, que en virtud de esta redención reconocen las limitadas demandas que la autoridad civil puede hacernos. No estamos bajo la ley, sino bajo la gracia, y aunque esto no excluye un papel continuo de la ley humana, esta ley no debe atemorizarnos ni ser gravosa. Si la ley es justa, deberíamos abrazarla alegremente como el medio por el cual amamos a nuestro prójimo. Si la ley es injusta, debemos desafiarla por el bien de nuestro Señor y nuestro prójimo sin temer las consecuencias. Podemos y a veces debemos decir a nuestras autoridades: "Ninguna autoridad tendrías contra mí, si no te fuese dada de arriba" (Jn. 19:11), recordándoles de quiénes son ministros.

Tercero, ser cristianos en esta sociedad no significa que nuestro único estándar sean las Escrituras. No debemos esperar soluciones preestablecidas en las Escrituras para los desafíos del siglo XXI, ni debemos olvidar que la mayor parte de la prudencia política viene de la naturaleza, no de la gracia. Podemos y debemos apelar a la razón, a la historia, a las constituciones, a las pruebas que muestran los malos resultados de ciertas políticas, tratando de persuadir a nuestros oponentes en lugar de golpearlos en la cabeza con la Biblia.

Fíjese que esto sería cierto incluso en una sociedad cristiana, como argumenta Richard Hooker, ya que las Escrituras proporcionan relativamente poca orientación sobre los detalles de la política pública. Y con más razón aún en una sociedad pluralista donde no podemos contar con que otros compartan nuestras convicciones. Mas no debemos pretender una neutralidad total o ignorar el valor de nuestra fe para formar y completar nuestras reflexiones políticas, sino que debemos estar preparados para admitir, cuando se nos presiona, que nuestra creencia en las Escrituras nos obliga a tomar cierta postura —por ejemplo, sobre la santidad de la vida no nacida—, incluso si sostenemos que esta es una verdad que debería ser evidente en la naturaleza misma.

Cuarto, nuestro compromiso con la política debe ser mesurado y realista, reconociendo la provisionalidad del orden político. Tal vez el mayor error de los evangélicos en la última generación ha sido la tentación de pensar que se puede lograr más a través de la política de lo que es realista, y, algunas veces, que se debe lograr más a través de la política de lo que es apropiado. No hace falta decir que no debemos esperar una transformación radical del orden temporal que resulte en la nueva Jerusalén; el orden político solo puede insinuar el reino de Cristo, pero no encarnarlo. Desde luego que todos reconocemos esto, pero a menudo parece que esperamos que la política cambie los corazones, lo que por supuesto es prerrogativa de Cristo solamente, y si no hay corazones cambiados, muchas políticas buenas pueden resultar inútiles.

Esta conclusión no tiene por qué implicar un minimalismo libertario sobre el tipo de cosas que el gobierno puede abordar, sino que debería implicar un sobrio realismo sobre la eficacia de esos esfuerzos por sí mismos. Debemos notar que este punto en sí mismo es quizás la contribución cristiana más importante (y potencialmente más revolucionaria) a la política. Porque la tentación natural de la política terrenal es siempre reclamar para sí misma una supremacía que no puede sostener, o hacer promesas redentoras que no puede cumplir. Una vez que la fe religiosa se apodera de un pueblo, el mesianismo político y su gemelo malvado, la política apocalíptica, comienzan a florecer. Precisamente señalando el exceso que siempre va más allá de la política, el pensamiento de los dos reinos promete reformar la vida política incluso en su forma más apolítica.

CAPÍTULO 7:
LOS DOS REINOS EN LA ECONOMÍA

Cristo y mamón

SI LA POLÍTICA es el ámbito donde mejor se puede considerar lo que significa para los cristianos vivir en el reino temporal, quizás lo más importante para nuestro discipulado diario es la economía, o en términos generales, los asuntos de dinero. En pocas áreas son más comunes o más perjudiciales las versiones distorsionadas de la distinción de los dos reinos.

El contraste entre la gracia gratuita del evangelio ensalzada en nuestros púlpitos, perdonando las deudas de cada pecado, y la inflexible astucia financiera ensalzada casi en todas partes, que aprovecha cada oportunidad para la ganancia legítima, es tan marcado que preferimos compartimentar si es posible. Incluso los predicadores que no dudan en abordar otros temas culturales y políticos suelen evitar con tacto los temas financieros, excepto quizás uno o dos domingos al año, en los que intentan ablandar a sus feligreses en anticipación de los compromisos de las ofrendas anuales.

Sin embargo, al margen de nuestros intentos de dividir el terreno entre los dos reinos para nuestro consuelo, tenemos las desconcertantes palabras de nuestro Señor: "Ninguno puede servir a dos señores; porque o aborrecerá al uno y amará al otro, o estimará al uno y menospreciará al otro. No podéis servir a Dios y a las riquezas" (Mt. 6:24). No importa lo que digamos sobre los dos reinos, a fin de cuentas son de Cristo, sobre los cuales él reina como único Rey, y en los cuales él exige nuestro amor y servicio exclusivos.

Aunque Mamón haya establecido avanzadas en cada rincón del reino terrenal, requiriendo que naveguemos por este terreno con gran cuidado y prudencia, no debemos ceder a su dominio en ningún momento. La pregunta es cómo podemos usar la riqueza sin darle un amor y un servicio que no merece. También debemos tener cuidado con la tentación de pensar que podemos resolver la tensión por medio de alguna moralidad de dos vertientes, como la distinción medieval entre consejos y mandamientos.

En este esquema, los mandamientos, como "vende todo lo que tienes, y dalo a los pobres" (Mr. 10:21) y como el ejemplo de la iglesia de Jerusalén en Hechos, se convirtieron en el código de moralidad para aquellos que deseaban ser particularmente santos, mientras que a todos los demás se les permitía operar con un estándar más minimalista. Hoy en día esto se hace a menudo mediante una conveniente compartimentación de la justicia y la caridad, en la que la primera significa simplemente obedecer la ley y respetar la propiedad privada, y la segunda significa ayudar a los pobres o contribuir a un ministerio si uno se siente movido espontáneamente a hacerlo y quiere ser extra piadoso.

Sin embargo, todos esos planes reflejan una confusión fundamental. La moral cristiana no es algo opcional para ganar puntos con Dios. Es más bien un llamado a dejar el camino que lleva a la destrucción y tomar el camino que lleva a la vida. La idolatría es objetivamente destructiva, y aquellos cuyas vidas financieras se caracterizan por la idolatría destruirán sus vidas financieras también, y no solo sus vidas espirituales. Esto no significa que no podamos distinguir entre las cosas que son mandamientos universales básicos y las obligaciones que varían según las circunstancias, pero la diferencia no se deriva del nivel de dificultad que se elija (ya sea "fácil" o "difícil") para la vida cristiana, sino simplemente de la variación de nuestros llamamientos y circunstancias concretas.

El mandamiento de "cuidar de los pobres" puede adoptar una forma diferente para cada cristiano en particular —dados sus medios, oportunidades, tentaciones y otros compromisos—, pero la obligación básica se aplica a todos. Cualquier versión de la teología de los dos reinos que permita a los cristianos aplicar una norma moral en la iglesia y otra diferente para el resto de la vida no ha entendido el punto.

Como hemos visto a lo largo de este libro, ya que la distinción básica entre los dos reinos es que uno es interno y el otro externo, ambos entran en juego en cada punto de la vida cristiana, pero de diferentes maneras. Aquí, como en otras partes, la distinción es una reprimenda al legalismo, pero tampoco autoriza ni por un momento el antinomianismo. Mas las profundas y sutiles tentaciones que plantea Mamón hacen que esta línea sea particularmente difícil de recorrer cuando se trata de nuestras vidas financieras.

Como asesor a tiempo parcial de inversiones, y escritor y profesor a tiempo parcial de ética cristiana, he sido muy consciente de la tensión entre las afirmaciones de Mamón y las de Dios durante muchos años. Y no es una tensión que se disipe fácilmente con despotriques proféticos contra la codicia de la clase alta o el conformismo de la clase media. ¿Se considera un servicio a Mamón reservar dinero para la universidad de los niños en lugar de ofrendar todo lo que sobra y confiar en Dios? ¿Qué acerca de ahorrar para una larga y cómoda jubilación? ¿Qué acerca de sopesar astutamente las opciones de inversión para obtener la máxima ganancia en lugar de invertir en el negocio del amigo cristiano o gastar de forma extravagante en regalos de Navidad para amigos y familiares? Estas no son preguntas fáciles.[1] En este capítulo, espero echar un poco de luz sobre cómo podríamos responder a algunas de ellas, o al menos formar nuestras conciencias para convertirnos en el tipo de personas que pueden responderlas correctamente en nuestro propio y singular llamado.

Confundiendo los Dos Reinos en asuntos de dinero

Debe quedar claro que sin ninguna distinción entre los dos reinos cuando se trata de nuestras vidas financieras los peligros

---

[1] Para más reflexiones, véase mi "¿Dependent or independent? Towards a Christian Way of Thinking about Saving and Wealth", *Journal of Markets and Morality* 19, nro. 2 (Winter 2016): 389-99.

son innumerables. En el evangelio de la prosperidad, los predicadores mezclan las bendiciones espirituales de Dios sobre los creyentes por su fe con la prosperidad terrenal. En algunas formas de lo que podríamos llamar "cristocapitalismo",[2] la fuerza dinámica del mercado se convierte en el motor de los propósitos redentores de Dios en la historia, y la Biblia es prostituida a la ideología económica para fomentar una fe casi religiosa en los mecanismos del libre mercado.[3]

Por otro lado, en el lado izquierdo del espectro político-económico, muchos cristianos pretenden aplicar la lógica de la "economía divina", que consiste en dar incondicionalmente al orden económico terrenal, con la esperanza de erradicar la necesidad y el conflicto social, y así encarnar el reino de Cristo en la tierra. Otros han aceptado formas de teología de la liberación en las que la pobreza y la justicia, y la riqueza y la depravación se equiparan crudamente.[4]

Sin embargo, si la distinción de los dos reinos se confunde con la distinción institucional entre la iglesia y el estado,

---

[2] El término viene de Elizabeth Stoker Bruenig, "¿Christo-capitalism or capitalism? David Brat's Political Theology", *Political Theology Today*, 19 de junio de 2014, http://www.politicaltheology.com/blog/christo- capitalism/.

[3] Los ejemplos incluyen a Jay Richards, *Money, Greed, and God: Why Capitalism is the Solution, Not the Problem* (Nueva York: HarperCollins, 2009), y Shawn Ritenour, *Foundations of Economics: A Christian View* (Eugene, OR: Wipf and Stock Publishers, 2010).

[4] Ejemplos de ello son Kathryn Tanner, *Economy of Grace* (Minneapolis: Fortaleza, 2005) y Douglas M. Jones, *Dismissing Jesus: How we Evade the Way of the Cross* (Eugene, OR: Cascade, 2013). La declaración clásica de la teología de la liberación es de Gustavo Gutiérrez, *A Theology of Liberation: History, Politics and Salvation*, trans. John Eagleson (Maryknoll, NY: Orbis, 1973).

pueden surgir otros problemas. El anabaptismo, tanto en su forma del siglo XVI como en sus recientes encarnaciones, piensa que si la iglesia es el reino espiritual, puede anticipar en su propia vida terrenal la forma del reino venidero de Cristo. Por consiguiente, puede tratar de abolir la propiedad privada en favor de una comunidad de bienes, y convertirse en una economía "libre de escasez" en sí misma, con resultados frecuentemente trágicos. O, para muchos defensores de la más reciente doctrina de los dos reinos, la doctrina se utiliza principalmente para mantener cualquier aspiración redentora fuera de las políticas económicas del Estado, que debe servir como un guardián minimalista del orden.[5]

No es sorprendente, entonces, que este uso del paradigma haya resultado popular entre los reformados políticamente conservadores. Lo que es más preocupante es que también se ha utilizado para respaldar un enfoque minimalista de la caridad cristiana: los diáconos distribuyen la caridad dentro de la iglesia institucional, pero no deben ministrar al mundo en general;[6] y puesto que para algunos conservadores el estado tampoco debe involucrarse en el negocio de la ayuda social, no hay nadie que se ocupe de los pobres.

Ambos enfoques generales deben ser rechazados. En contra el primer error, confundir la gracia redentora con los mecanismos del mercado, debemos mantener una clara distinción entre el reino de Cristo "ya presente", que está oculto, y el "todavía no", que un día se manifestará, y entre las normas de la naturaleza que rigen nuestra vida económica y las

---

[5] Véase especialmente a Hart, *From Billy Graham to Sarah Palin*.

[6] Véase, por ejemplo, VanDrunen, *Living in God's Two Kingdoms*, 158-59.

normas de la gracia que rigen nuestra vida espiritual (aunque sin hacer que estas últimas sean irrelevantes para las primeras).

Dios desea que la humanidad florezca y disfrute de los beneficios de la creación entregados a nuestro cuidado y para nuestro uso; así, podemos y debemos considerar un sistema económico justo y próspero como una de sus bendiciones. Pero es un beneficio de la gracia común, una lluvia que cae a menudo tanto sobre el mal como sobre el bien. Cuando Proverbios asocia la prosperidad con las riquezas (p. ej., Pr. 8:18, 21; 13:22; 15:6) es más una observación de causa y efecto —el comportamiento virtuoso tiende a llevar al éxito— que una promesa *quid pro quo* de recompensa divina. Aunque superficialmente apuntando en la dirección opuesta, la teología de la liberación comete el mismo error básico, asumiendo que la pobreza material es una marca del favor de Dios, pero también que, de alguna manera paradójica, el alivio de esta pobreza es el resultado de la redención de Cristo, y que dondequiera que ocurra la justicia económica, el reino de Cristo ha llegado. Todo esto representa un intento de traer la vida del mundo venidero al presente.

Asimismo, debemos tener cuidado de pensar que las Escrituras hablan de manera exhaustiva y vinculante sobre asuntos de la vida económica. Tanto a la derecha como a la izquierda se pueden encontrar decenas de libros que afirman dar una economía de acuerdo con la Biblia, que siempre resulta sospechosamente parecida a una de las teorías económicas y políticas que prevalecen en el mercado moderno de las ideas.

Los teólogos de la liberación siempre se las arreglan para encontrar las ideas de Marx escritas en las Escrituras, mientras que los teólogos reformados conservadores parecen siempre arreglárselas para encontrar las ideas de von Mises y Hayek. Pero ambos errores son igualmente absurdos. Para el teórico clásico de los dos reinos, no hay ninguna razón *prima facie* para asumir que debemos encontrar una teoría económica en las Escrituras. Sin embargo, si hay ideas y normas para la vida económica (y creo que ciertamente las hay), debemos recordar que las normas que rigen las circunstancias cambiantes solo son vinculantes en la medida en que las circunstancias son las mismas. Ciertamente, hay sabiduría que se puede tomar en cuenta de las leyes del año sabático para el alivio de la deuda contemporánea, por ejemplo, pero no son prescripciones directas, ya que los mismos principios podrían sugerir una aplicación legal diferente en nuestras propias circunstancias.

Pero si debemos tener cuidado con el peligro de sobrespiritualizar el mundo, debemos igualmente resistir el segundo tipo de error, el de sobrespiritualizar la comunidad eclesiástica frente al mundo. Cuando se trata de dinero, debemos reconocer una vez más que la iglesia visible se encuentra con un pie en ambos reinos. Después de todo, las iglesias también deben hacer presupuestos, mantener cuentas bancarias, asegurar una cuidadosa rendición de cuentas en el uso de los fondos, hacer análisis de costo-beneficio cuando se enfrentan a una multitud de necesidades, etc. No están de mágicamente exentas de las condiciones y limitaciones ordinarias de la vida terrenal, conformando una especie de burbuja sagrada dentro de la cual puede tomar forma una "economía divina" (Hch. 6:1-4; 1 Ti. 5:3-16).

A los diáconos de las iglesias y las organizaciones benéficas cristianas no se les ha concedido la capacidad de convertir un dólar en dos, ni se les ha concedido inmunidad ante las tentaciones de la avaricia, la malversación y el despilfarro. Un proyecto de construcción, conferencia o retiro no se vuelve menos extravagante y más merecedor de los fondos de los fieles cristianos solo porque los está llevando a cabo una iglesia. La iglesia puede ser la puerta del reino de Cristo, pero es al mismo tiempo una institución humana completamente mundana y falible.

Esto es por sí solo un entendimiento práctico importante de la doctrina de los dos reinos. Es un secreto a voces que muchas iglesias o ministerios cristianos son administradores pésimos de su dinero, imaginando que solo porque están haciendo el trabajo de Cristo, pueden prescindir de los dictados básicos de la prudencia. Pero aún así, al cubrirse en un halo de santidad, mantienen un control obstinado sobre las conciencias de los creyentes, que a menudo continúan desembolsando grandes sumas de dinero, con muy poca responsabilidad, para los ministerios e instituciones cristianos.

Muchos culpan de este problema a los ministerios paraeclesiásticos y, en efecto, estos a menudo están particularmente libres de responsabilidad y, por lo tanto, plagados de abusos. Pero situaciones similares ocurren casi con la misma frecuencia en las denominaciones y en las iglesias locales también. En cada iglesia y en cada ministerio, los cristianos deben tener cuidado de que en su búsqueda por seguir los pasos de Jesús y multiplicar los panes, no repitan el triste relato del hombre que, deseando construir una torre, no se sentó a contar el costo (Lc. 14:28-30).

Asimismo, aunque no quiero rechazar ninguna aspiración de aplicar una lógica cristiana-sacrificial en la economía de nuestras comunidades cristianas, estas siguen siendo en gran medida *simul justus et peccator,* lo que hace que el anabaptismo utópico sea, bueno, utópico. Al mismo tiempo, sin embargo, si nos negamos a equiparar la iglesia institucional y el reino espiritual, como he argumentado, se borrarán un poco los límites entre los ministerios de la iglesia y la acción social en general.

Algunos teóricos de los dos reinos quieren erigir un alto muro entre los diáconos que dispensan caridad sagrada a los santos, por un lado, y los comedores de beneficencia, los proyectos de servicio en los barrios pobres o la construcción de pozos en Haití, por otro. Pero es difícil encontrar apoyo histórico para tal división. Los diáconos de Calvino en Ginebra eran tanto funcionarios cívicos como oficiales de la iglesia, y el Hospital General y la *Bourse Francaise* que supervisaban eran instituciones de bienestar integral.[7] Puede haber buenas razones prudentes para limitar la labor diaconal de la iglesia institucional con el fin de que atiendan las necesidades más cercanas a casa, pero si es así, otros en el cuerpo de creyentes deben dar un paso adelante y extender creativamente el alcance de la caridad cristiana a través de sus comunidades y el mundo.

La manera en que los Dos Reinos deberían dar forma a nuestras vidas económicas

Si bien he advertido repetidamente contra una sobrespiritualización de la vida económica, ¿significa eso que

---

[7] Véase Lewis, "Calvinism in Geneva", 44-45, y para un tratamiento completo de la *Bourse Francaise,* Jeannine E. Olson, *Calvin and Social Welfare: Deacons and the Bourse Francaise* (Selinsgrove, PA: Susquehanna University Press, 1988).

el cristiano no tiene nada distintivo que aportar, que da su diezmo el domingo, pero los otros seis días de la semana simplemente sigue a los dioses del interés propio y la eficiencia? Bueno, no. Aquí recurriré a dos puntos relacionados con los que hice en el capítulo anterior.

En primer lugar, como señalé, aunque no debemos anticipar la nueva creación, el reino temporal está ligado a las normas de la creación original, así que en la medida en que la redención cure las distorsiones de nuestra visión caída y nos muestre cómo se supone que debemos vivir como humanos, también nos dirigirá a las formas apropiadas de ordenar nuestras sociedades terrenales (dentro de las limitaciones de nuestra depravación). La perspectiva de los dos reinos nunca debe ser malinterpretada como una licencia para ser indiferente sobre la justicia social y económica, entendidas correctamente.

Vivimos en un orden social que ha sido desordenado por el pecado y la codicia, y los cristianos deberían tener más urgencia que cualquiera en querer confrontar estas corrupciones. Pero como se trata de las corrupciones del viejo orden de la creación y no de la incapacidad de conformarse con el nuevo orden de la creación (que efectivamente trascenderá la dinámica de la escasez que rige la economía de este mundo), deberían ser confrontadas en los términos de la naturaleza, más que en los de la gracia. Es interesante ver con qué frecuencia, cuando aparecen idealistas modernos que piden una "economía divina" transformada, la mayoría de lo que describen encaja con lo que los pensadores más antiguos habrían descrito como "ley natural", es decir, la comunidad sobre el individuo, y el fin de la usura y la equidad para los pobres. Los cristianos deberían desafiar las perversiones de nuestra economía contemporánea, pero sobre la base de que es antinatural, y no sobre la base de que no es cruciforme.

En segundo lugar, observé que la naturaleza apolítica del reino espiritual puede tener un efecto radical en la política, recordándonos sus limitaciones y su provisionalidad. Lo mismo ocurre con nuestra vida económica. El cristiano también debe entrar en las corrientes mundanas de la oferta y la demanda, de la deuda y los ahorros, de las ganancias y las pérdidas, y navegar por ellos con toda la prudencia debida; pero el cristiano hace esto sabiendo que su verdadero tesoro está en el cielo, donde la polilla y el orín no destruyen (Mt. 6:19-20).

La mayoría de las perversiones de nuestras vidas económicas provienen simplemente de idolatrarlas, tratando el dinero como un fin en lugar de un medio. Puesto que el reino espiritual de Cristo nos libera de esta esclavitud, nos permite caminar a través de su reino temporal como peregrinos, usando los bienes de este mundo para Él y nuestro prójimo, pero no buscando nuestro bien en ellos. No es como si el mandato de Cristo al joven rico fuera (como a veces se enseña) un mandamiento único que solo se aplica a él. Más bien, todos estamos llamados a vivir como si nuestros bienes no fueran propios, sino de nuestro prójimo, utilizando todo lo que poseemos para el bien de los demás (comenzando, por supuesto, con nuestras familias, aunque no terminando allí); solo que la mayoría de nosotros estamos llamados a hacerlo mientras conservamos el título legal de nuestras posesiones, mientras que para otros, puede que sea necesario un curso de acción más radical (*cf.* Mt. 27:57-60; Hch. 4:32-37; Hch. 5:1-5; Hch. 16:11-15).

Si seguimos fielmente esta convicción, refutaremos la objeción de que el énfasis en el carácter "interno" de los mandamientos de Cristo los minimiza o nos da un pase libre para no vivir realmente de forma sacrificial. Considere cómo los reformadores entendieron el octavo mandamiento. En su Catecismo Menor, Martín Lutero escribe: "No robarás. ¿Qué significa esto? Debemos temer y amar a Dios para no tomar el dinero o las posesiones de nuestro prójimo, ni obtenerlas de forma deshonesta, sino más bien ayudarle a mejorar y proteger sus posesiones e ingresos".[8] El Catecismo de Heidelberg canta la misma melodía en la pregunta 111: "P. ¿Qué exige Dios de ti en este mandamiento? R. Que haga lo que pueda por el bien de mi prójimo, que trate a los demás como me gustaría que me trataran a mí, y que trabaje fielmente para poder compartir con los necesitados".[9]

La vida cristiana vivida en el reino temporal, precisamente porque es vivida a la luz del reino espiritual y en base al veredicto liberador de la justificación, no es una ética de justicia minimalista que solo se abstiene de dañar al prójimo. Más bien, es una ética de amor activo que busca el bien de los demás (sin descuidar el interés propio adecuado que mantiene nuestra capacidad de seguir ayudando a otros) en todos los ámbitos. Si estoy en una posición donde puedo poner el precio de mi producto o debo pagar a mis trabajadores, pero busco

---

[8] http://catechism.cph.org/en/10-commandments.html

[9] https://www.crcna.org/welcome/beliefs/confessions/heidelberg-catechism .

maximizar mi ganancia dejando a los demás con el más pequeño de los márgenes, debo reconocer esto como una tentación de infringir el octavo mandamiento.

Del mismo modo, si puedo bendecir a alguien comprando un producto y dando una propina generosa, entonces es una oportunidad de obedecer el octavo mandamiento. No es así como nos gusta trabajar a los estadounidenses; estamos felices de dar generosamente en otro momento, nos decimos a nosotros mismos, pero cuando es el momento de hacer negocios, nos asegurarnos de no dejar ni un billete sobre la mesa. Y a menudo bautizamos este tipo de pensamiento con una versión confusa de los dos reinos, afirmando que como los negocios caen dentro del rcino temporal, podemos adoptar los estándares del mundo y dejar de lado los imperativos de Cristo. Sin embargo, dejar algo de dinero en la mesa, o grano en los rincones de los campos, es exactamente como Dios le dijo a Israel que practicara la caridad.

CAPÍTULO 8:
CONCLUSIÓN

Algunos lectores pueden estar un poco decepcionados por el argumento de este libro, y de su segunda mitad en particular. Para los cristianos que buscan urgentemente una guía para saber por quién deben votar, o cómo la iglesia debe responder a la guerra, o al capitalismo, o al socialismo, o a las invasiones de la libertad religiosa, o a los innumerables desafíos sociales y políticos que enfrentan los cristianos hoy en día, no he ofrecido ninguna orientación concreta.

Ni siquiera he cumplido la mínima tarea de definir, de alguna manera intemporal, qué asuntos pertenecen al Estado y qué asuntos a la iglesia, o de establecer cuánto terreno común deben buscar los creyentes con los incrédulos en asuntos de cultura y política. Parte de esto, desde luego, se debe al pequeño tamaño de este libro; este libro no es más que una invitación a los cristianos modernos a comenzar una exploración de una doctrina largamente descuidada y a menudo mal entendida. Pero parte de esto se debe a la doctrina misma.

Argumenté en el capítulo cuatro que, en su forma más básica, la doctrina de los dos reinos era un desafío a la idolatría y a la tentación constante de investir los asuntos secundarios con significado primario y los asuntos mundanos con implicaciones eternas. Como tal, la doctrina de los dos reinos es ante todo un llamamiento a recuperar el ejercicio de la prudencia y la sabiduría, bajo la guía del Espíritu, para volver a aplicar creativamente los principios y precedentes bíblicos a situaciones y cuestiones en las que Dios no siempre nos ha suministrado planos detallados y respuestas atemporales.

La historia del cristianismo ha sido una que ha tratado de escribir apéndices o notas a pie de página en las Escrituras cuando sentimos que la Biblia no ha abordado adecuadamente las preguntas que pensamos que necesitan respuesta. La iglesia medieval hizo esto elevando las tradiciones no escritas y la autoridad interpretativa del papado, que resultó en una miríada de doctrinas y prácticas que ahora se requieren de los creyentes aunque no se encuentren en las Escrituras.

Los protestantes, habiéndose definido a sí mismos como una reacción a tal exceso, seguían siendo tentados a cometer el mismo tipo de error, aunque normalmente en la dirección opuesta, insistiendo en que cualquier cosa que las Escrituras no ordenan o que pudiera tentar a uno a infringir los mandamientos de las Escrituras, estaba prohibido (alcohol, baile, celebración del calendario de la iglesia, cantar himnos en el culto, etc.). Algunas versiones de la doctrina de los dos reinos funcionan hoy de la misma manera, sirviendo para establecer largas listas de cosas que la iglesia y el estado no pueden hacer, sin una clara justificación bíblica.

Pero ¿qué podemos decir entonces a la objeción, que también anticipé en el capítulo cuatro, de que nuestro problema fundamental hoy no es el que enfrentaron los reformadores? El suyo era un mundo dominado por un sentido ubicuo y a veces opresivo de lo sagrado, uno donde Dios, el Diablo o al menos un santo podría estar al acecho en cada esquina, y uno donde los eclesiásticos no dudaban en hacer extraordinarios reclamos de autoridad, reclamos que mantuvieron a muchas almas en cautiverio. El nuestro, sin embargo, es un mundo en el que lo sagrado ha sido desterrado, donde incluso la mayoría de los cristianos ni siquiera piensan en encontrar lo sagrado fuera de las mañanas de los domingos, y donde la autoridad de las iglesias y los pastores parece ser muy débil frente a la todopoderosa voz del juicio individual. La idolatría puede ser un peligro en cada época, pero la idolatría de nuestra época es la idolatría del individuo, no de personas, lugares, instituciones y textos. La tarea de la teología de hoy, entonces, debe ser reivindicar las estructuras del reino terrenal para que puedan convertirse de nuevo en conductos de la gracia y la autoridad de Dios. Este es el sentido de la objeción.

Desde luego que hay algo de cierto en esta objeción. Nuestras batallas no son las mismas que las de Lutero y, por ello, nuestras tácticas deben ser diferentes. Lutero tuvo que recordarle a la gente el elemento humano de la iglesia visible, mientras que a menudo nosotros necesitamos recordarle a la gente el elemento divino. Aún así, la objeción está equivocada, al menos en dos frentes. Primero, malinterpreta la doctrina de los dos reinos, lo cual debería estar claro para cualquiera que haya leído hasta aquí.

La doctrina de los dos reinos no acepta un "desencanto" a gran escala del mundo, como si fuera un reino temporal totalmente sombrío y mundano donde no hay nada sagrado. No, como hemos insistido en todo momento, el reino temporal es aquel en el que Dios se manifiesta constantemente a través de "máscaras" (término de Lutero) y "signos" (término de Hooker), en los que las instituciones de la iglesia visible son las más importantes entre ellas. Además, la vida temporal del pueblo de Dios para los reformadores era irreductiblemente social y comunal; nunca aceptaron el tipo de individualismo radical que ha corroído todas las formas y conceptos de autoridad en el Occidente moderno. De hecho, la idea de que uno debe ceñir de alguna manera a una autoridad con un aura de reino espiritual antes de que pueda ser tomada en serio es simplemente evidencia de cuán degradada, y cuán lejos del protestantismo tradicional, se encuentra nuestra antropología y ética. También hay que señalar que la doctrina de los dos reinos no está de ninguna manera ligada a una eclesiología de "iglesia baja", en el sentido de una liturgia y sacramentología minimalista.

El ejemplo de Richard Hooker es prueba suficiente de que la determinación de distinguir cuidadosamente los signos (temporales) de las cosas que representan (espirituales) no impide de ninguna manera dar una defensa robusta de la importancia y el valor de esos signos.

En segundo lugar, sin embargo, la objeción también subestima el grado en el que, incluso en nuestro mundo supuestamente moderno y secular, la búsqueda de personas, lugares, instituciones y textos sagrados aún continúa sin cesar. El vacío espiritual de la cultura moderna ha intensificado esta búsqueda en muchas personas, como se evidencia en fenómenos tan diversos como el resurgimiento del fundamentalismo islámico; el mesianismo político tanto en la derecha como en la izquierda; las políticas de identidad que sacralizan la homosexualidad, la negrura, la blancura o la feminidad; el auge de movimientos sectarios; los pastores célebres; y demás. Para todas estas idolatrías, la doctrina de los dos reinos debe seguir siendo nuestra respuesta.

Efectivamente, lo más importante que hay que decir en defensa de la relevancia contemporánea de la doctrina de los dos reinos es que es verdad, y la verdad debe ser siempre proclamada. Como hemos visto en este libro, la doctrina de los dos reinos, entendida de manera correcta, está inseparablemente envuelta con lo que significa ser protestante y proclamar la verdad de la justificación por la fe. Como dijimos en el capítulo dos, en la raíz de esta doctrina está la afirmación de que Cristo reina misteriosa e invisiblemente sobre el reino de la conciencia, y ninguna autoridad humana puede atreverse a interponerse como mediadora de esta regla; es solo por la fe que participamos en este reino, por lo que no debemos ser engañados y pensar que es a través de obras o rituales externos. Siempre y cuando los protestantes insistamos en la necesidad de esta verdad, debemos continuar proclamando y aplicando, a cada generación, la doctrina reformada de los dos reinos de Cristo.

BIBLIOGRAFÍA

- Avis, Paul D. L., "Moses and the Magistrate: A Study in the Rise of Protestant Legalism", *Ecclesiastical History* 149 (1975): 148–72.

- Bahnsen, Greg, *Theonomy in Christian Ethics*, Phillipsburg: P&R Publishing, 1984.

- Ballor, Jordan y W. Bradford Littlejohn, "European Calvinism: Church Discipline", en *European History Online* (EGO), editado por Irene Dingel y Johannes Paulmann, Mainz: Institute of European History [IEG], 2013. http://www.ieg-ego.eu/en/threads/ crossroads/religious-and-denominational-spaces/jordan-ballor-w-bradford-littlejohn-european-calvinism-church-discipline.

- Biel, Pamela, *Doorkeepers at the House of Righteousness: Heinrich Bullinger and the Zurich Clergy*, 1535-1575, Bern: Peter Lang, 1991.

- Bolliger, Daniel, "Bullinger on Church Authority: The Transformation of the Prophetic Role in Christian Ministry", en *Architect of the Reformation: An Introduction to Heinrich Bullinger*, 1504-1575, editado por Bruce Gordon y Emidio Campi, 159–77, Grand Rapids: Baker Academic, 2004.

- Brachlow, Stephen, *The Communion of Saints: Radical Puritan and Separatist Ecclesiology*, 1570–1625, Oxford: Oxford University Press, 1988.

- Bruenig, Elizabeth Stoker, "Christo-Capitalism or Capitalanity? David Brat's Political Theology", *Political*

* *Theology Today*, junio 19, 2014, http://www.politicaltheology.com/blog/christo- capitalism/.

* Calvino, Juan, *Commentary on the Epistles of Paul the Apostle to the Corinthians*; traducido por John Pringle, 2 vols. Edinburgh: Calvin Translation Society, 1848–49.

* _____. *Institutes of the Christian Religion*, editado por John T. McNeill, y traducido por Ford Lewis Battles, 2 vols. Louisville: Westminster John Knox Press, 1960.

* Cartwright, Thomas, *The Second Replie of Thomas Cartwright: Agaynst Master Doctor Whitgifts Second Answer Touching the Church Discipline* [Heidelberg: 1575].

* Cavanaugh, William T. "The City: Beyond Secular Parodies", en *Radical Orthodoxy*, editado por John Milbank, Catherine Pickstock y Graham Ward, 182– 200, Abingdon: Routledge, 1999.

* Cranz, F. Edward, *An Essay on the Development of Luther's Thought on Law, Justice, and Society*, Cambridge, MA: Harvard University Press, 1959.

* Davis, Kenneth R. "No Discipline, No Church: An Anabaptist Contribution to the Reformed Tradition", *The Sixteenth Century Journal* 13, nro. 4 (1982): 43–58.

* Estes, James M., *Peace, Order, and the Glory of God: Secular Authority and the Church in the Thought of Luther and Melanchthon*, 1518–1559, Leiden: Brill, 2005.

* Fulford, Andrew, *Jesus and Pacifism: An Exegetical and Historical Investigation*, Moscow, ID: The Davenant Press, 2016.

* Gazal, Andre A., *Scripture and Royal Supremacy in Tudor England: The Use of Old Testament Historical Narrative*, Lewiston: Edwin Mellen Press, 2013.

* Gutierrez, Gustavo, *A Theology of Liberation: History, Politics, and Salvation*, traducido por John Eagleson, Maryknoll, NY: Orbis, 1973.

- Hart, Darryl, *From Billy Graham to Sarah Palin: Evangelicals and the Betrayal of American Conservatism*, Grand Rapids: Eerdmans, 2011.
- ______. *A Secular Faith: Why Christianity Favors the Separation of Church and State*, Chicago: Ivan R. Dee, 2006.
- ______. "With Friends Like These", Oldlife.org, julio 20, 2015, https://oldlife.org/2015/07/20/with- friends-like-these/
- Hooker, Richard, "The Lawes of Ecclesiasticall Politie", editado por John Keble en *The Works of that Learned and Judicious Divine Mr. Richard Hooker: with an Account of His Life and Death by Isaac Walton* [1836], revisado por R.W. Church y Francis Paget, Oxford: Oxford University Press, 1888. Disponible en Online Library of Liberty: http://oll.libertyfund.org/titles/hooker-the-works-of-richard-hooker-vol-1, http://oll.libertyfund.org/titles/hooker-the-works-of-richard-hooker-vol-2, y http://oll.libertyfund.org/titles/hooker-the-works-of-richard-hooker-vol-3 .
- Horton, Michael, *Christless Christianity: The Alternative Gospel of the American Church*, Grand Rapids: Baker, 2008.
- Kelly, Douglas F, *The Emergence of Liberty in the Modern World: The Influence of Calvin on Five Governments From the 16th Through 18th Centuries*, Phillipsburg, NJ: P&R Publishing, 1992.
- Jones, Douglas M., *Dismissing Jesus: How we Evade the Way of the Cross*, Eugene, OR: Cascade, 2013.
- Jordan, James B, *The Sociology of the Church: Essays in Reconstruction*, reimpresión, Eugene, OR: Wipf and Stock, 1999. Publicado por primera vez en 1986 por Geneva Ministries.
- Kingdon, Robert M. "Social Control and Political Control in Calvin's Geneva", en *Die Reformation in Deutschland und Europa: Interpretationen und Debatten*, editado por Hans. R.

Guggisberg y Gottfried G. Krodel. Gütersloh: Gütersloher Verlagshaus, 1993.

- Kirby, W. J. Torrance, *Richard Hooker's Doctrine of the Royal Supremacy*, Leiden: Brill, 1990.
- ______. "Peter Martyr Vermigli and Pope Boniface VIII: The Difference Between Civil and Ecclesiastical Power", en *Peter Martyr Vermigli and the European Reformations*, editado por Frank A. James III, 291–304. Leiden: Brill, 2004.
- ______. "Political Theology: The Godly Prince", en *A Companion to Peter Martyr Vermigli*, editado por W. J. Torrance Kirby, Frank A. James III y Emidio Campi, 401–22. Leiden: Brill, 2009.
- Leeman, Jonathan, *Political Church: The Local Assembly as Embassy of Christ's Rule*, Downer's Grove, IL: IVP Academic, 2016.
- Leithart, Peter J., *The End of Protestantism: Pursuing Unity in a Fragmented Church*, Grand Rapids: Brazos, 2016.
- Lewis, Gillian, "Calvinism in Geneva in the Time of Calvin and of Beza (1541–1605)", en *International Calvinism, 1541–1715*, editado por Menna Prestwich, 39–70, Oxford: Oxford University Press, 1985.
- Littlejohn, W. Bradford, "Dependent or Independent? Towards a Christian Way of Thinking about Saving and Wealth", *Journal of Markets and Morality* 19, nro. 2 (Winter 2016): 389–99.
- ______. *The Peril and Promise of Christian Liberty: Richard Hooker, the Puritans, and Protestant Political Theology*, Grand Rapids: Eerdmans, 2017.
- ______. *Richard Hooker: A Companion to His Life and Work*, Eugene, OR: Cascade, 2015.
- ______. "The Search for a Reformed Hooker." *Reformation & Renaissance Review* 16, nro. 1 (2014): 68–82.
- Littlejohn, W. Bradford, Brian Marr, y Bradley Belschner, eds., *A Christian Theory of Law: A Moderniza- tion of Book I*

of Richard Hooker's Laws of Ecclesiastical Polity, Moscow, ID: The Davenant Press, 2017.

- Littlejohn, W. Bradford y Scott N. Kindred-Barnes, eds., *Richard Hooker and Reformed Orthodoxy*, Göttingen: Vandenhoeck and Ruprecht, 2017.
- Lutero, Martin, "The Freedom of a Christian", traducido por W. A. Lambert y revisado por Harold J. Grimm, en *Luther: Three Treatises*, 2.ª edición, Minneapolis: Fortress Press, 1970.
- Marsilio de Padua, *The Defender of the Peace*, editado por Annabel Brett, Cambridge Texts in the History of Political Thought, Cambridge: Cambridge University Press, 2005.
- Maruyama, Tadataka, *The Ecclesiology of Theodore Beza: The Reform of the True Church*, Geneva: Librairie Droz, 1978.
- McIlhenny, Ryan C., ed., *Kingdoms Apart: Engaging the Two Kingdoms Perspective*, Phillipsburg, NJ: P&R Publishing, 2012.
- Nelson, Eric, *The Hebrew Republic: Jewish Sources and the Transformation of European Political Thought*, Cambridge, MA: Harvard University Press, 2010.
- O'Donovan, Oliver y Joan Lockwood O'Donovan, eds. *From Irenaeus to Grotius: A Sourcebook in Christian Political Thought*, 100–1625. Grand Rapids: Eerdmans, 1999.
- Olson, Jeannine E, *Calvin and Social Welfare: Deacons and the Bourse Francaise*, Selinsgrove, PA: Susquehanna University Press, 1988.
- Plantinga, Cornelius, *Engaging God's World: A Christian Vision of Faith, Learning, and Living*, Grand Rapids: Eerdmans, 2002.
- Richards, Jay, *Money, Greed, and God: Why Capitalism is the Solution, Not the Problem*, New York: HarperCollins, 2009.
- Ritenour, Shawn, *Foundations of Economics: A Christian View*, Eugene, OR: Wipf and Stock Publishers, 2010.
- Rushdoony, Rousas John, *The Institutes of Biblical Law*, Phillipsburg, NJ: P&R Publishing, 1973.

- Sattler, Michael, *The Brotherly Agreement of a Number of Children of God Concerning Seven Articles*, traducido por J.C. Wenger, http://www.anabaptists.org/ history/the-schleitheim-confession.html.
- Tanner, Kathryn, *Economy of Grace*, Minneapolis: Fortress, 2005.
- Thompson, W.D.J. Cargill, "The 'Two Kingdoms' and the 'Two Regiments': Some Problems of Luther's Zwei-Reiche-Lehre", *The Journal of Theological Studies* 20, nro. 1 (1969): 164–85.
- Tuininga, Matthew J., *Calvin's Political Theology and the Public Engagement of the Church: Christ's Two Kingdoms*, Cambridge: Cambridge University Press, 2017.
- VanDrunen, David, "Calvin, Kuyper, and 'Christian Culture'", en *Always Reformed: Essays in Honor of W. Robert Godfrey*, ed. R. Scott Clark y Joel E. Kim. Escondido, CA: Westminster Seminary California, 2010.
- ______. *Divine Covenants and Moral Order: A Biblical Theology of Natural Law*, Grand Rapids: Eerdmans, 2015.
- ______. *Living in God's Two Kingdoms: A Biblical Vision for Christianity and Culture*, Wheaton, IL: Crossway, 2010.
- ______. *Natural Law and the Two Kingdoms: A Study in the Development of Reformed Social Thought, Emory University Studies in Law and Religion*, Grand Rapids: Eerdmans, 2010.
- Wedgeworth, Steven, "Two Kingdoms Critique." Credenda/Agenda. Junio 21, 2010. http://www.credenda.org/index.php/Theology/two- kingdoms-critique.html.
- Wedgeworth, Steven y Peter Escalante, "John Calvin and the Two Kingdoms—Part 1", *The Calvinist Inter- national*, mayo 29, 2012. https://calvinistinternational.com/2012/05/29/calvin-2k-1/.

- _____. "John Calvin and the Two Kingdoms—Part 2", *The Calvinist International*, mayo 29, 2012. https://calvinistinternational.com/2012/05/29/ calvin-2k-2/.

- Winship, Michael P. Godly, *Republicanism: Puritans, Pilgrims, and a City on a Hill*, Cambridge, MA: Harvard University Press, 2012.

- Witte, John Jr., *Law and Protestantism: The Legal Teachings of the Lutheran Reformation*, Cambridge: Cambridge University Press, 2002.

- Wolters, Albert M., *Creation Regained: Biblical Basics for a Reformational Worldview*, 2.ª ed. Grand Rapids: Eerdmans, 2005.

- Wright, William F., *Martin Luther's Understanding of God's Two Kingdoms: A Response to the Challenge of Skepticism*, Grand Rapids: Baker Academic, 2010.

www.ingramcontent.com/pod-product-compliance
Lightning Source LLC
LaVergne TN
LVHW091512170726
843492LV00001B/455